人権への教育と啓発

囚われやこだわりの克服

川嶌 順次郎

東信堂

はじめに

同和問題・同和教育に随分長く関わってきました。その中で生まれてきた問題意識は、今も増えこそすれ減るなどということはありません。たくさんの人に学びながら、少しずつ少しずつ、ものが見えてくるという具合で、やっと最近になって、すっきりと理解できたこともあって、現役時代行政の第一線で仕事しているときに、どうして分からなかったのかと悔まれてさえきます。

平成一三年度末で三三年間続いた特別措置法は終わりました。自治体の行政機構からも、教育関係からも、「同和」と冠した用語が静かに消えて行きつつあります。

三三年間続けられてきた政策・運動・教育は、その評価と課題をめぐる多くのコメントがありますが、必ずしも皆が一致しているとはいえません。「掲げた指標はほぼ達成」「実態的差別がまだ存在」「個々人が自立の精神をもつこと」「被差別者の連帯で更に権利保障の闘いを推進」「部落問題をもう考える必要はない」(京都新聞、二〇〇二年三月一六日)など「評価や課題」は分かれてきますが、基準やものさしが異なれば分かれてくるのは仕方のないことかもしれません。

同和の名が消え、法が終わり、政策が転換しようというのに、私は今も同和問題を通して、偏見や人権侵害の根源を問おうと懸命になっています。人権教育啓発の隘路《あいろ》とその克復のありようを、歴史や文化の中から根源的に問い求めたいと願っています。

私自身は、たとえば「差別を支え、強化したのは、政治権力というより、むしろ民衆の意識や観念だ」(本文で紹介)という意見があるように、部落問題や人権問題の元凶を、どうしても意識、観念、価値観などの問題に基軸を置いてとらえてしまうのですが、それに対しては、「権力・国家体系との結び付きを見失っては、差別はとらえきれない。部落差別は明治以降の天皇制、家制度、戸籍制度の中で強化された。ケガレ意識は家柄・血筋意識の強化につながり、差別を再生産している」という反論があったり(朝日新聞、一九九九年一〇月二六日、「論壇」)、オランダのカルレ・ヴァン・ウォルフレンのように、「日本では民主主義はいまだ実現していない。それは可能性にとどまっていて、幻想だ」とする人もいたり、部落民のアイデンティティを問う議論が戦わされるなど、次々と大きな問題提起がなされてきました。それらに学びながら、私はなおも「意識、観念、価値観」にこだわっています。意識とは「Consciousness 今していることが自分で分かっている状態。知識・感情・意志のあらゆる働きを含み、それらの根底にあるもの」(広辞苑)といわれます。

図らずも多くの学生さんたちに、同和教育や人権教育について語る機会を与えられることとなってすでに数年がたちました。深い学識も才量も持ちえない自分としては、ただ、自分の今までの経験と思索をもとに、本音と真剣勝負でぶつかっています。内容のどの部分を取ってみても、哲学、教育学、宗教学、社会学、民俗学、歴史学などと深く関わってきますし、現在の法律や政治とも切り離すことはできません。いつも勉強不足を感じさせられています。しかし、学生さんたちは、いつも真剣に受け止め、真剣に考えてくれていて、私も人権のことは、知識だけの学習に終わらせたり、いい加減な気持ちで学んだりすることだけは断じて許さないこととしてきました。

毎時間の彼女たちのメッセージやコメントは、緊張、迷いや疑問、葛藤、歓喜の思い出、苦悩の思い出、反発、怒りや悲しみ等々であふれていて、驚くばかりに真剣です。人権の学習は、そのままが自分の生き方の学習につながるものであることを何度痛感してきたかしれません。

何よりも、同和問題・人権問題に対して、今まで以上に関心を高めてくれることを一番に願ってきました。小学校・中学校・高等学校で学んできたという彼女たちの記憶は、皆無だったとするものから、熱心に勉強してきたとするものまで千差万別ですが、この際もう一度自分なりに整理して欲しいと訴えています。そして新聞に目を通している時も、書店に立っている時も、人権の記事や内容にはすっと目が向き、手も伸びるようになって欲しいし、日常生活にも関心を向けて欲しい、と訴えてきました。無関心には知恵も知識も何一つ寄ってこないのだ、と生意気をいってきました。

彼女たちのメッセージは、一つ一つが宝石です。彼らが小学校・中学校・高等学校で学んだことの回想は、学校同和教育に携わってきた者にとっても、携わっている者にとっても、この上なく尊いアドバイスであります。小中高等学校で、先生たちは一生懸命教えてこられた。年を経て、子どもたちの心には、どんな形で育っているのだろうかと、多くの先生方が気になさっておられるはずだからです。私は、その一部を知りながら、自分だけのものにしておくのはどうしても許されないことだと思っています。何とかして広く紹介させて欲しい。一生懸命がんばっている現場の先生たちに、たとえ一つでもフィードバックができたらといつも思っています。

第一部はそんな思いからの紹介です。紙面の関係でわずかしか紹介できないのが非常に残念です。もちろん、本人たち一人一人には了解を得なくてはなりませんが、とても不可能なので、すべての名前、地名、学校名を消すことはもちろんのこと、一切迷惑のかからぬようにと、中心内容に支障のない範囲で、敢えて用語まで変えたり省略させていただいたりしました。決してフィクションではありません。省略しすぎた結果、言葉少なになってしまって、かえってわかりにくい所があるかもしれませんが、真剣な訴えと思いを汲んでやって欲しい。

第二部は自分の本論となります。差別事件に遭遇するたびに、どうしたらよいのかと考えることばかりであり、行政の責務についても数多く糾弾を受けました。啓発のための決め手は何かと迷うことが多く、今静かに過去を振り返ってみても恥ずかしいことばかりです。

昭和五五年だったか、財団法人滋賀県解放県民センターに勤務している時、第六回部落解放文化祭の仕事を担当することとなりました。思い切りやってみたかったが、予算には限度があるものですから、とうとう西武百貨店にもスポンサーをお願いして、「文化」をテーマに一〇コーナーの展示と催しを行いました。そのとき自分は、被差別民衆の文化とは何かを追求したいと、がむしゃらになっていたことが忘れられません。四階建てビルの全館ばかりか、館外も使っての多彩な催しを企画しただけに、準備中には倒れそうになるほど疲れたことを思い出します。先にも後にも二度とはなく、それっきりに終わってしまいましたが、今もう一度やるとしたら、もっと違った視点でよい企画ができるだろうなあと手前味噌なことを思っています。周防から招いた猿まわしと、なかなか利口だったツネ吉君が今も懐かしく思い出されます。

さて、多くの差別事件を見ていくと、どうしようもない囚われやこだわりが、意識の有る無しに関係なく顔を覗かせてきます。それは当人にとっては価値感情であって、その形成過程が簡単に理解できるものではありません。いつとはなしに形成されてきたのであって、それがあるがままの行為となり、振る舞いとなったものと思わざるをえません。時には生理的とも見えるほどに、逃避や排斥の感情が噴き出たりします。私はそれが何であり、根深く強靭なのはどうしてか、そこがいつも疑問でした。そこが曖昧である限り、啓発の仕事も教育の仕事もやる資格はないと思えて仕方がなかったのです。

それを自分なりにつかみたい。自分で納得できるまで追及したい。そして一〇年以上もこのことばかり考え続けてきました。いつの間にか自分は定年退職してしまいましたが、今も問題意識は続いています。数年前にやっと『人権への教育と啓発』の草稿をまとめてみましたが、新しい発見とともに推敲は続くばかりでした。本書は一つの結論ですが、多くの方々の批判や意見を是非お願いしたいと念じています。

最近、人権概念が揺れているように思えます。いろいろな歴史的経緯はあったとしても、世界人権宣言以降の理念は迷うことがあってはならぬものです。それは千年の人類の、経験と叡智の結晶であるはずです。しかし、いつの間にか「正義」と離れて権利や人権が一人歩きし始めているようにも思えてなりません。この件について、第二部の最後のところで提起させていただきました。

第三部では、学校教育や社会教育、事業所や地域における最近の具体的な人権教育、人権学習の事例を紹介させていただきました。

本書を出版するに当たっても、また現役中にも、シュプランガー研究の第一人者といわれる教育哲学者の恩師村田昇先生には、いつも温かい激励とご指導を賜ってきました。日本の教育を憂いつつ、今も警鐘を打ちつづけられている先生の生き方にも学びながら、人権への教育に自分もいっそう励んでいかなくてはと心新たにしているところです。この場を借りて改めて厚く感謝申し上げます。また、資料の使用について快く承諾いただだいた滋賀県や彦根市の教育委員会をはじめ、多くの関係者の方々にも御礼申し上げます。最後になりましたが、本書の出版にあたり、東信堂下田勝司社長様には格別のご好意を賜りました。末筆ながら厚く御礼申し上げます。

合　掌

平成一四年八月

川嶌　順次郎

目次／人権への教育と啓発――囚われやこだわりの克服

人権への教育と啓発

——囚われやこだわりの克服

第一部　学生たちの回想

――先生から　両親から　自己体験から人権を学んできました

第一章　すばらしい先生　尊敬する親

〈屋上で寝転がって空を見て感じた事を詩にしたり……〉

私は、図書館で求めたい本を探すのも一苦労しているのに、授業のために目的の資料を探そうと思ったら大変だろうと思います。私を教えてくださった先生方も大変苦労されたんだなあと思い、感謝の気持ちでいっぱいです。

小学四年生の時の先生は、目の前で火をおこす(木と木をすりあわす)のを見せてくれたり、屋上で寝転がって空を見て感じた事を詩にしたり……江戸川の河川敷に植物をスケッチに行って、帰りにつくしを持って帰ってきて料理して食べたり……なつかしく忘れられません。(ちなみに男の先生で料理もすごく好きなんだそうです)……略……

＊この時の子どもたちのすてきな笑顔が目に浮かぶようである。「心の豊かな先生」は、先生がいつどこに居られても、子どもにとっては意味ある存在となって影響を与えている。

〈一番荒れていたのに一年間で楽しくて明るい学校になりました〉

私の中学三年生という時代は最高でした。私の中学校は、私が二年生のとき県内で一番荒れていることで有名でした。そのせいか、三年になるとき、新しい先生方がたくさん入ってきました。「荒れてるから、キビしい先生ばっかり来たんかなあー」って思っていました。でも全然違っていました。押さえつけずに、すごく自由でした。すると不思議に、みんなが自らまとまった学年集団になっていきました。世間でいう不良な子もみんなと仲良くなって学校が楽しそうでした。一年前では考えられないことばかりでした。一学年七クラスあったけれど、あまりクラスが関係なく学年全体が一クラスという感じでした。

毎日が楽しくてたまりませんでした。どうしてこういう風に変えることができたのかなあと思います。一つ私が思うのは、生徒を自分と同等、大人として見てくれていたところがあります。一人一人に合った対応をする先生を見て、私もそういう人間になりたいと思いました。一人の先生の考え方が他の先生にも影響していたのも感じられました。こんな楽しくて明るい学校が日本中にいっぱいになって欲しいと思います。

＊「一人一人に合った対応をする先生を見て、私もそういう人間になりたいと思いました」――彼女にとっては生涯の宝となっていくに違いない。

〈美術の先生が彼の心を開かれました〉

学校で毎日怒られてばかりいる子にとって、「人間の尊厳」とは考えることも実感することもできないものだと思います。私の中学校に成績も悪く、素行も悪く、いわゆる「できない子」が居ました。たいがいの先生は、彼に対して冷たい態度でしたが、美術の先生だけは彼の秘めた才能を見抜いていたのでしょうか。彼の心を開こうと努力されていたのが分かりました。彼もそれにこたえるように美術だけは忘れ物もせず、また授業を妨害することもなく取り組むようになりました。

それまでの彼は、真剣な姿を見せたこともなく、作品など提出したこともなかったので、彼の作品発表を見て私たちは大変驚きました。誰もが描けない彼独自の個性的な世界が広がっていたのです。「上手」という一言では片付けられない芸術性を私たちは感じずにはいられませんでした。

それから、私たちの彼を見る目も、先生方が彼を見る目も変わりました。一人の先生が一人の人間を成長させ、「尊厳」のある人生にできたのかもしれません。私たちも、「人間の尊厳」ということをもう一度見つめ直さなければいけないなあと今改めて感じています。

＊「教師に課せられている仕事は、その本質からいうと医師の仕事以上に高度に専門的な仕事だ」と言われた方があるが、子どもの持つ底の知れない可能性を引き出すというのは、確かに病気を治すよりも困難なことに違いない。偉大なことである。

〈あの一年間で小学校六年分の本当の学習をした気がします〉

五年生の時、クラスに少しおとなしめの女の子がいました。ある日その子が発表する番になって何も答えられずに黙っていたのです。すると先生は怒って、その子が答えるまで、その子の前に立って集中攻撃を始めました。そんな日が何日もつづいて、時に先生はその子のほっぺをつねって「なぜ答えないんだ?」と攻めるときもありました。何週間かたつとその子は何もしゃべらなくなってしまいました。ところが、六年生になって担任の先生が変わり、その子の事情を知った先生は、「なぜお前たちが助けてやろうとしないんだ」と叱り、どうすればよいかを私たちに考えさせ、仲間とは何かということを教えてくれました。その女の子はみるみる明るくなり、担任の先生にちょっかいを出すほどにもなりました。

私は今でもその先生を尊敬しています。あの一年間で小学校六年分の本当の学習とよべる学習をしたような気がします。

＊一年間で六年分の本当の学習をしたような気がするというのだから、教育の仕事というのは全く限り無く深く、そして自由がある。

〈「父兄」と「保護者」の使い方を知ったのは中二の時です〉

中二のホームルームの時に先生が「昨日TVでダイアナさんの発言のテロップに〝父兄〟という文字があった。差別的な使い方なのですぐNHK(だったと思います)に電話したら、すぐお詫びのテロップが出て〝保護者〟と改められた」と言っておられました。きっとこの時、多くの人は「何がどう違うの?」

と思ったに違いない。いつも耳から〝フケイ〟と聞いているので〝父兄〟という漢字をあまり目にしないからである。どうも言葉をひびきとかニュアンスで受け取っていることが多いと思う。

＊日常の先生のさりげない一言が、かくも鮮明に記憶されていることを思うと、教師は、日々の一瞬一瞬が子どもたちにとっては「意味ある他者」である。

〈いろんな話をしてくれた母に今は感謝しています〉

ゴールデンウィークに帰省したとき母といろんな話をしました。私の町にも、知らなかったが被差別部落があると聞きました。「あるの？」とは思いましたが、どこかとは聞きませんでした。だって、私が日本人であっても、イギリス人であっても、ユダヤ人であっても、私であることに変わりはないように、その被差別部落の人が被差別部落であろうがなかろうが、その人に変わりはないんですもの……。

それにしても、私にことあるごとに、被差別部落のこと、沖縄のこと、アイヌ民族のことなどいろんな話をしてくれた母には今とても感謝しています。「同和問題のこと知らない方がよかったかも……」と思っていた時に、「じゃあ〝太陽の子〟とかあんた読むけど、沖縄の話、知らない方がよかった？」と言ってくれました。目からうろこの気分でした。

被差別部落や沖縄の人を差別するような人ではない両親に育てられたことはとても誇りです。

〈母に教えられて私は考え方が変わりました〉

私が初めて同和教育を学んだのは小学五年の歴史の授業だったと思う。私はそれまで、部落というものがあったということさえ知らなかった。そして、中学三年くらいまで同和教育の授業をうけるたびに、「学校で教えなければ、私たちは部落があったことなんて全く知らず、部落差別なんてものも自然になくなるのに……」と思っていた。ある日、母にこのことを話すと、母は「それは違うよ」と言った。昔は部落があって、その地区の人を自分達より見下し差別するということを親から言い聞かされ、当たり前のことだと思っていた。

だから学校の授業などで正しい理解と、ありのままの出来事、そして部落といわれた地区で生活し、差別を実際に受けていたという人々の苦しい経験や思いを知る機会がなければ昔から何も変わらない。間違った知識や偏見を伝えられ、そしてその情報を自分の次の世代の子どもたちにも教えてしまう。そんな状態が延々と続いたら差別がなくなるわけがない。このように母に言われ、私は考え方が変わった。

……略……

＊「学社連携」「学社融合」の共通理解と推進で、学校と家庭が協力協働の関係を築けたらすばらしい子育てができように……。

〈家族で同和問題についてよく話し合うようになってきました〉

私の地元は○○ですが、近くに同和地区と呼ばれる地域があります。高校三年間で親友と呼べる一番仲のいい友達が同和地区の子でした。同和地区の本当の意味を知らない家族は、「あの子どこの子？」って口癖のように聞いてきます。私にとっては何でも言い合うことのできる一番仲のいい友達のことを、あまりいいように言わない家族がくやしかったです。とくに祖父は「あっちの人は……だからあかん」とよく口にします。どうしてこんなことを言うのかがわかりません。

そんな中で、私の父は最近仕事関係で同和問題に関わりました。祖父が、父に「仕事で行くときは気をつけよ」って口にすると、父は「気をつけるって何、同じ人間を変なものみたいに言うな！」って言ったので何だかすっきりしました。父は、仕事から帰ってくると、「みんないい人、こっちが考えなおさなだめやな」って言っていました。父がこの仕事をするようになって、家族で同和問題についてよく話しするようになってきました。友達とは今も仲良く続いています。最近では、祖父たちも以前より、嫌な顔せず受け入れてくれます（でもこれが当たり前です）。

父がこんなこと言ってたのを覚えています。「同和問題に関わってみて、自分自身表面では理解したつもりやけど、もしお前が同和地区の人と結婚する時があれば、その時心から喜ぶことができたら理解しているんやと思う」って。……

＊学ぶことの大切さを改めて教えてくれる。そして確かな理解者の存在は、決してその人だけにとどまってはいないことも教えてくれる。

〈同和の時間が週三時間以上……〉

私の小学校の時間割りの中には同和の時間が週三時間以上あり、授業で取り扱った問題が大きければ何時間でも、時には朝から下校時間まで取り組んだことがありました。そんな時に生徒の親から苦情らしきもの（当時私にはそのように感じた）があり、担任の女性の先生は泣きながらこの授業をもう続けることはできないとおっしゃいました。

聞くところによると、私の学級だけが、同和問題で他の授業を削って行っており、国語、算数などの授業が他学級に比べて非常に進行が遅れていたため、親から苦情が来たそうです。私は何か月も取り組んできた諸問題を中断することに不審を感じ、泣きながら話す先生の気持ちがあの時は理解できませんでしたが、今となっては、授業を続行できない先生の悔しさがとても痛く、悲しく伝わってきます。……略……

＊当然カリキュラムが問題になってこようが、それにしても「先生の気持ちがあの時は分からなかったのに、今となっては……」の一言は重い。

〈父に「じっと見るものじゃない」と〉

……略……私が小学一年生の時、父母と三人で遊びに出かけて喫茶店に入りました。私はそこでアイスを食べていると、店の調理係の人がキッチンから出てきたのですが、びっこをひいていたのです。私はじいーと見つめてしまいました。その時、父に「じっと見るものじゃない。」ときつく言われました。

それ以来私は、そういう行動は絶対にしませんし、友達にも注意したりします。

＊人生の中のたった一度きりの出来事である。たった一言でも教育や感化の決めてがある。

〈担任と母のいきなはからい〉

私は母親一人に育てられた。私は四分の三が韓国人の血である。母は二一歳の時に韓国から渡ってきた韓国人である。

私は小さい頃から、それをコンプレックスに感じ、韓国人であることを隠してきた。母はそんな私に負い目を感じていたようだ。

そんなある日、小学校一年生の道徳の時間、私は担任のK先生が教室に入って来るなりびっくりした。K先生は韓国の民族衣装チマチョゴリを着て教室に入ってきたのだ。私は、「家にあるやつと同じや！」と動揺したが、まわりの生徒たちは「きれい！」と絶賛。K先生は「これはSさんのお母さんから借りてきたのよ」とおっしゃった。本当にびっくりした。

後々になって中学生になってから、これは、母がK先生に、私が韓国人であることをコンプレックスに思っていることを相談したところ、K先生が道徳の時間に『日本のお隣の国』として授業しようと提案なさったということを母に聞かされた。

その授業は約一カ月くらい行なわれたが、最後の授業では小学一年生だけでなく、全校生徒で学校に朝鮮学校の子どもたちを招いて一緒に遊んだのだ。K先生は私と、私の母のそれからの人権を守ってくれたのだ。……略……

＊感動します。一年生のことを全然忘れてはいないのである。

第二章　マイナスイメージを抱いてしまった

〈私にとっては少し悲しいけれど、これ以上ない同和教育となった〉

私は小学校の頃から同和教育を受けてきた。……中略……繰り返される同和教育を、「ひとごと」としか考えられないまま、中学校も卒業に近づいたある日、それまでの私の意識を打ち砕く出来事が起こった。

家族で何気ない話をしていた時、ふと、父が私の結婚について、気の早い話をし始めた。初めのうちは誰もが考えるような内容だったのだが、突然、……「これはいかんぞ」と言った。それが被差別部落の人を表すことは分かった。私は笑いながら「何言ってるん。そんなの関係ないやん」と言った。それで終わるはずだった。しかし、父は、一段と険しい顔になり、「何でそうなのかはわからんけど、ずっと言われていることやし……。あんただけの問題じゃない。……親戚があるのや」と続けた。

信じられなかった。部落差別がいかにいわれのないものであるかを嫌というほど聞かされてきたのに、よりによって自分の父がそんなくだらないことにとらわれていたという事実を目の当たりにして、一瞬何も考えられなくなってしまった。追い打ちをかけるように、「そういう差別があることを学校が教えるのがおかしい。放っておけばなくなるんだよ」と聞いた時、なぜ同和教育が必要なのかが、初めて分かった。父のような人がいるからなのだ。……略……同和教育は、被差別部落の存在だけを知らせているのではない。なぜ差別を受けるようになったのか。いわれのない差別によってもたらされた数々の悲劇、それに立ち向かう人々の前向きな姿勢を知り、ここで断ち切るんだという認識と勇気を高めるために行われているのだ。

幸か不幸か、私は父の無知、人間として最低な部分を知るのと引き換えに、人間として当然の権利や使命について、また私がこれから為すべきことについて考えることができた。私にとっては少し悲しいけれど、これ以上ない同和教育となった。

＊実は非常に多い例なのである。結婚期を迎えている彼女たちだけに、こうした対話場面が起こってくるのである。この場合のように、家族らの本音を初めて知って愕然とするケースが多い。しかし負けてはいない。その人こそ不幸な人だ、時間をかけても説得していくと毅然とした姿勢を見せてくれる学生さんも決して少なくはない。もちろん私も真剣である。

〈教師すべてが信じられなくなりました　だからこそ教職を……〉

その先生は、高学年の時の担任で当時私はいじめにあっていました。先生はそれを知って知らないふりをしていました。でもこれは仕方がないと思っていたし、先生に助けてもらおうとは思っていませんでした。

ある時、図工で粘土細工をしました。完成後みんなの作品を並べて、先生が「Aさんの作品とBさんの作品がいいですね」といったように、よい人の名前をあげていかれました。その時私の作品は何も言われませんでした。

次の日、美術の専門の先生にみてもらったと言われ、続けて言われた言葉は一生忘れないだろうと思います。「なぜかこれがいいらしいのです」と言って私の作品に指さしたのです。明らかにその先生のものさしではないでしょうか。

また、登校拒否ぎみだったので昼休みにテストをしていました。採点され百点で返って来た時、「カンニングしてないだろうな」と言われました。もちろんそんなことしていません。先生にそんな風に言われるとは思っていませんでした。それ以来その先生だけでなく教師すべてが信じられなくなりました。

私は小学校の思い出はありません。あるのは憎しみだけです。だからこそ、教職をとっているのかもしれません。中学高校の先生は優しかったです。教師の小さなものさしほど厄介なものはないと思います。

＊教師のもつ豊かなものさしこそが、子どもたちの個性を伸ばせるということか。それにしても、憎しみを昇華して教職を志向するのだから、文字通りの反面教師として、輝くような理想像を胸に抱いているのかもしれない。夢を達成してほしい。

〈教わったのに　いつの間にか「あまり関わりたくない」という気持ちが生まれていた〉

同和問題というのは、子どもの頃から遠い存在に感じられるものだった。両親や学校からは、前向きに取り組んでいくべきだと教わった。そのはずなのに、心の中にはいつの間にか「あまり関わりたくない」という気持ちが生まれていた。なぜだろう。

　小学生の時、初めて同和問題について学習した。動物の皮をなめして太鼓をつくることを職とする一家のビデオを見たような記憶がある。詳しい内容は忘れてしまったが、決して被差別部落について良い印象を持たなかったというのは確かである。どちらかと言えば、「こういう所に住む人は、私たちとはちょっと違う人なんだ」という偏見のイメージが、すでにその時私の中に生まれてしまっていたような気がする。これは大変問題なことである。自分の事であるという考え方ができなければならない。……略……

＊「教えるから差別がなくならないのだ」と考える人が、一般にも意外に多いのは、このような体験に基づくのだろうか。学校教育としては最も肝心なところである。中途半端ほど危険なことはないとは市民啓発の場でも言えることである。内容と方法の絶えざる吟味、そして診断評価が求められる。彼女の場合、「これは大変問題なことである」と気付いているものの、みんなそうなるとは考えられない。

〈「逆差別といった問題があるのに、同和問題について考える必要があるのか」という発言〉

　私の小学校で保護者会が行われた時のことです。その時のテーマが同和問題だったそうです。私のクラスの担任の先生がプリント等をもとに話をし始めようとすると、ある保護者の一人が、「逆差別といった問題があるのに、そういった同和問題について考える必要があるのか」といった発言をしたそうです。先生もそれを受けて「そうですね」と言って流してしまったそうです。

その場に居合わせた母は、その様子に大変憤りを感じたということです。教育現場でも、同和問題に対する認識というものは、なかなか深まらないのだと感じました。

＊考えられないような状況である。発言者もさることながら、そのまま保護者会が進んでいったということは、何となく全体の雰囲気に、同和問題は厄介なことだという暗黙の支持がなかったどうか気になるところである。お義理の研修は、マイナス効果をもたらすものだということを教えてくれる。

〈DNAに刷り込まれた男尊女卑の思想〉


私の家はかなりの男尊女卑がまかりとおっていて、父は耳元で電話が鳴ろうが、物が落ちようが一センチたりとも動きません。私はそんな父に幼いときから反発していて、「絶対にこんな男の人は嫌だ」と思っていました。

ところが、彼氏と歩いている時に前を歩くことができないし、お茶など入れられた時にはいたたまれなくて叫んでしまいそうになる自分がいるのです。

私の脳に、DNAに刷り込まれた男尊女卑の思想が、私の考えに反して勝手に動き出しているような気分です。

＊思わず吹き出してしまいそうだが、DNAに刷り込まれたとは上手い表現である。それにしても

大切なことが教えていただける。

第三章　あの体験が私を変えた

〈本当に心から同和問題の解決を思うようになった〉

これまで中学、高校、大学と同和問題についていろいろな授業で教わってきた。同和問題を解決しようという動きは年々高まっていくけれど、今も難しいという厳しい実態を知った。「部落差別はよくないこと」というのは誰だってよく分かっている。私も今までは「差別はよくない。だから差別をなくすよう努力しよう」ということだった。差別をなくそうという気持ちはある。しかし、自分が被差別の地に生まれてこなくて良かったという気持ちがあったことは確かである。おそらくいつまでたっても差別がなくならないのは、こういった思いを持っている人がまだたくさんいるからである。

しかし、そういう考えを持っていた私が、本当に心から同和問題が解決してほしいと思うようになったのである。それは、私の姉が被差別部落の人と結婚したからである。……みんな猛反対だった。……しかし、かわいい赤ちゃんを見ると姉を恨むどころか不憫でならなかった。私にとっての○○が大きく成長するまでにどうか解決しますようにと祈るばかりである。なんとしても差別をなくさなければならない。……差別の実態を知る事も大事だが、今日のような深刻な同和問題への経緯を知ることもとても重要だと思う。先生の熱意ある講義で心を動かされた学生が少なくとも私一人はいます。……本当に心から同和問題が解決して欲しいと思う人を少しずつ増やしていくことが大切だと思う。私はもっともっと同和問題について勉強していきたい。

＊必ずや彼女の前向きな熱意によって、皆が変わっていかれるだろうと信じる。

〈柳原銀行記念資料館へ行ってみた〉

講義の中で配布されたプリント「人権資料展示ネットワーク」をもとに、柳原銀行記念資料館へ行ってみた。私は今まで同和問題についてあまり実感がなかったから、高校までの授業で取り上げられてもその重大さに気付けなかった。……資料館の展示物から多くのことを学べた。

この資料館自体は前身が銀行で、地域の経済活性化を通して部落差別をなくそうとして建てられた全国唯一のものだった。差別に立ち向かった櫻田儀兵衛氏、明石民蔵氏らの活動や、オールロマンス事件に関する資料にも触れられた。オールロマンス誌の実物を目にしたときはさすがに鼓動が高まり、『特殊部落』もこの時初めて読めた。これを書いた作者の気持ちの背景に、それまでの地区改良事業の在り方や防空空地に密集するバラック、スラムが現れたのは全て行政に問題があったことが窺い知れた。……以前七つの寺が存在していて、多くの檀家、資産があったのではと館の方から伺った。学ぶべきこと多い歴史ある場所だった。

帰途、小学校で遊ぶ子どもたちを見て、私たちは子どもたちのあの笑顔を消してしまうような差別に遭わせないための努力が必要だと使命感を抱いた。柳原銀行記念資料館の方には新聞記事、絵地図パンフレットなどの貴重な資料とお話を頂き感謝しています。……

＊学園の近くであり、是非見学をと紹介させてもらっている。

〈私の立場やったらあんたら口がさけても言われへんで……〉

私が同和問題に触れたのは中学校に入ってからです。その頃は石川青年の別件逮捕に関する資料を読んだりということでした。私は……生徒会の役もしていたので解放研にも所属していました。黄色いゼッケンをつけて、「石川青年は無罪だ」と叫びながら町内を歩いたこともありました。その姿は自分で言うのもおかしいですが、立派であったと思います。しかし、祖母は私のその姿を見て恥ずかしいと泣きました。後になって、「うちんとこは部落じゃないねんからそんなことするのは許さへん」と怒りだしたのでやっと意味が分かった。……逆に注意することもできず、中学生の未熟な私は、自分が優位に立てる差別というものに目覚めてしまいました。いくら全校生徒に「差別はなくそう」と叫んでも、私の心はうわの空でした。そして、自分は差別される側でなくてよかった、と思っていました。そして……進学していきました。

ある日、忘れる事のできない出来事にぶつかりました。……友達どうしで昼食の時、被差別部落の話になりました。みんな盛り上がりました。するとそのうちの一人が、「……でも、部落の人の方が行政から援助もらえて実は得してるやんな……」とひとこと言った瞬間、黙って聞いていた一人が立ち上がり「私の立場やったらあんたらそんなこと口が裂けても言われへんで！」と泣きながら叫びました。私たちは……一瞬……ポカンとしていましたが、次の瞬間とんでもないことを言ってしまったと気付き、ただ……私は自分が中途半端に差別というものを学習して、自分は差別する側の人間となっていたことを正直に述べ、……参加させてほしいと頼みました。……略……

＊「学んでも学んでも自分は差別される側でなくてよかった」となってしまったり、そこにとどまってしまうのはどうしてだろうか。私自身も、教えながら「これでいいのか」といつも考えざるをえない。

〈女には他の山があるだろう　そっちの山へ行け〉

高校の時に二月堂のお水取りに授業の一環として行きました。でも、女子は途中までしか入れなくて、とても見えにくい場所からの見学となりました。男子と男の先生は中まで入って儀式の様子を見ていました。女子はみんな納得のいかない顔をしていました。私も不思議に思いました。その後、また別の授業で大峯山の女人禁制についてのビデオを見ました。その中で、大峯山に登って行く男の人たちに女性のインタビュアーが「登ってはいけませんか」と聞くと、「女には他の山があるだろう。そっちの山へ行け」というようなことを言われていて、中にはとてもきつい口調で言う人もいて、私はすごく蔑まされている気がして不愉快でした。

＊二つの授業は、今後問題意識を持たせ考えさせていくためのものだったのだろうか。すばらしい授業ではないか。この先の展開が気になるところだが――

〈その瞬間　理解できた〉

小学校低学年の時、「黒人」をキャラクターとしたものがはやった。私も可愛いと思った一人であった。ところが何年か後廃止になった。その時は差別のためと聞いたが、あまり理解できていなかった。かわいいのに何が差別なんやろうと思った矢先、テレビのニュースで、黒人のグッズを展示している場を黒人の方が訪れているシーンを見た。それぞれの人たちは、息詰まっている人もいれば、怒っている人、涙ぐんでいる人もいた。その瞬間、理解できた。そして、気付かなかった自分自身を恥ずかしく思った。……

＊「その瞬間、理解できた」という。映像とはいえ、直感認識のすごさを教えられる。それにしても、黒人キャラクターが何で差別になるのやと思っている人は今も多いようである。

〈小学校の先生が道徳の時間にこう言われました〉

小学校の先生が道徳の時間にこう言われました。「障害というのはみんなと違うところを言います。例えば、歩けないとか、目が見えないとかそういうことです。でも障害というのは、目に見えるか見えないかの違いで、みんなが持っているものなのです。算数が苦手だとか、運動が苦手だとかいうことも障害です。髪の毛が少ないのも障害だし、気が短いのも障害です。だから障害者というのは限られた人のことではありません。みんなが障害者なのです」と。……

＊小学校時代の授業の時の先生の言葉がこんなにも鮮明に記憶されていることに驚いてしまう。実は、彼女もある一つの外見では見えないハンディを持っているのだが、授業も真剣だったに違いない。

〈私だけが日本人だったけれど一度も外人と言われたことはなかった〉

子どものいじめを取り上げた『たった一つの青い空』の話を聞いた時、私は他人事のように思えなかった。私は小学生になるまで海外で生活していて、小学生になる時に日本に戻ってきた。幼稚園からの友達もいなくて私一人だけが取り残されていた。みんなに外人、外人と言われたこともあった。海外で生活していた時、私だけが日本人だったけれど一度も外人と言われたことはなかった。なぜ日本人は人と人を比べたがるのだろうか。肌の色が異なろうが、母国語が全く異なろうが、一緒に毎日遊んでいた私だったのに……。

＊大沢周子さんの『たった一つの青い空』はすごい衝撃だったが、今も後を絶たないのだろうか……。

〈韓国修学旅行を通し、韓国の見方が大変変わりました〉

私の高校にAくんという韓国人の友達がいました。小学生の時に日本にやってきたそうです。今では日本語もペラペラです。高校ではAくんは人気者で部活にも入り、韓国への修学旅行ではハングル語の通訳をしてくれたり、二か国語を話せるA君を尊敬していました。しかし韓国の人が本名をかくし日本名を名のると聞いて驚きました。私はAくんと友達になりたかったです。身近な異文化を直接知ることができるからです。……略……私自身、韓国修学旅行を通し、韓国の見方が大変変わりました。はやく在日朝鮮人の人全員が本名を名のれる時がくればと思います。韓国のよさを、歴史をもっと知りたいと思います。韓国の生徒は積極的で明るいです。いろんな面で日本人も学ぶべきところがあると思います。

＊大人たちの観光旅行を見ている子どもたちは、修学旅行といっても観光気分になりやすい。アジア各国への修学旅行を中学・高校でもどんどん実現したいものである。異文化体験を通して学ぶものは多い。

〈どうして自分の国の文化なのに知らないのだろう〉

この夏の短期留学において、外国の高校生に、日本の文化を教える機会を持ったのですが、手持ちの資料を調べないと答えることができませんでした。そして、何度も質問の返答につまる私を見て、高校生たちは不思議そうな顔をしていたものです。きっと、「どうして自分の国の文化なのに知らないのだろう」と思われていたのかも知れません。恥ずかしく思いました。

＊自国の文化を誇れない、語れないとよく指摘されるが、原因はどこにあるのだろうか。真の意味で、自己を主張する力の弱さだろうか。それとも歴史教育の問題だろうか。

〈もう二度と中高に戻りたいとは思いません〉

私の「出る杭は打たれる事件」です。私はイギリスと日本を行ったり来たりしていたいわゆる「帰国子女」です。同じ学校の間を三往復も転校してきました。海外の学校へ転校していくと決まった初めての時、言いようのない不安にかられました。「英語が通じるだろうか」「友達ができるだろうか」「日本人だからという特別な目で見られないだろうか」そんな不安はイギリスの学校での生活三日間で完全に消えてしまいました。というのは、彼等は私に何の興味も示さず、ものめずらしそうに私を見たりしませんでした。もちろん友達ができなかったわけではありません。たくさんの友達もできました。私はかなり安心しました。イギリスへ来て良かったとも思っていました。

しかし、私はいつの間にか自分から私と友達の間に「差」をつけようとしていました。それは私ネイティブ・スピーカーでないことでした。自分から別な目で見られたくないと希望しておきながら私自らが自分を特別視していました。ある日、私は一番仲の良かったNさんに「何を悩んでいるの」と聞かれました。彼女は私に心配事があることを見抜いて心配してくれていました。私は思い切って彼女に「私はネイティブではないから英語がみんなと一緒のように話せない。だから私はみんなと違うの」と話しました。すると彼女は、「あなたは日本語が話せるわ。あなたもネイティブじゃないの。私は日本語の話せるあなたが羨ましい」と言いました。……略……

日本の学校に戻った日、特別な目で見られました。特に英語の時間は……私が英語を話そうものなら「なにいい気になってんねん」と言う。もし私が Japanese English を話そうものなら、「私らをバカにしてるんちゃう」と言う。個性を認めない、違いを認めないこの日本の閉鎖的な学校が今だに私は嫌でしょうがありません。今はあまり感じなくなりましたが、中高ではまだ根付いていると思うと、もう二度と戻りたいとは思いません。

＊ほとんど全文を勝手に紹介させていただいたことをお許しいただきたい。日本の教育にとって、ずばりの指摘であり、たいへんに参考になると思われるからである。貴重な体験談ありがとうございます。それにしても「もう二度と戻りたいとは思いません……」をどう受け止めるのか――。

〈一年間農家で働きながらオーストラリア各地を転々とした〉

……略……昨年一年間農家で働きながらオーストラリア各地を転々とした。大きな国・強い国の白人から時々差別されたが、有色人種や混血(アジア、カナダ、南米、イギリス)の人と小さな国(オランダ、スイス、アイルランド……)の人は人種差別をしなかった。される側になると身にしみるものだ。……略……

「アボリジニはうちらの税金でお酒を飲み一日中ダラダラしている」と言う人が時々いる。チャンスがないか働きにくい理由があるのでは？　と聞くと、「働こうという意識がない」と言われた。各地で働いたが、アボリジニが一番多くいたのは、一番きついと言われるバナナハンプの仕事だった。スポーツや制服を着て働くアボリジニを目にした記憶がない。補助金だけでなく、就職しやすい状況を作ること、それに見合う教育の大切さを感じた。きつい仕事も、それが数ある選択肢の一つならいいが、そんな仕事が飲んでいるというイメージを持たれると、偏見が助長されてしまうのではないか。バナナファームで彼等は黙々と働き、親切にしてくれた。

なぜ、人種、民族、文化、職業、見た目、生まれなどと理不尽な理由で差別され、幼い頃から人の倍も苦しまなければならないのか。人にもし貴いとか卑しいとかあるならば、それは生まれによるものでなく、人の物の考え方によるものだろう。……略……

差別をなくすには、幼い頃からの共感や実感を伴った本物の教育が学校・家庭両方から必要だろと思う。

＊若い時に、一年間を多民族とともに暮らしながら磨き上げた人権感覚に将来の日本を託したい気がします。

〈日本はいいねぇー。日本人ばかりで〉


アメリカに行ってきました。親戚のおばさんの家に泊めてもらいました。そのおばさんが言うには、レストランに行くとします。後から入ってきた白人をウェイトレスは先に案内するそうです。その白人の人も「この人が先に待ってました」と言わずにさっさと席に行ってしまうそうです。日本人はこういうところでも差別されていると言ってました。そして、「日本はいいねぇー。日本人ばかりで」とも言ってました。日本にもいろいろな問題があるのに、日本に住みたいようでした。

戦争博物館にも行きましたが、戦争中、日系の人はアメリカで差別を受け、それが少なからず残っていることも知りました。

＊二〇世紀の前半は、アメリカにおいても大正一三年の排日移民法成立を機に排日運動があった。今もその傷跡を心に残す人も少なくはない。

〈観光したり買い物をしている自分がはずかしくなりました〉

私は夏休みにタイに行きました。タイもインドと同じく、すごく貧富の差が激しく、コンクリートの一戸建てや、高層マンションに住んでいる人もいれば、高架下や河沿いや船の上に住んでいる人もいました。その差に私はすごく驚きましたが、同時にその河を渡って、観光したり買い物をしている自分が恥ずかしくなりました。

＊本当の豊かさとは何なのか。きっと彼女も考え続けるのではないだろうか。

〈私はやりたいと思う　今私は教師を目指している〉

私は小学生の頃、人を平気で傷つける最低の人間だった。いつまでも胸に痛みが残る。……親の愛情を受けずに育ったわけではないし、不自由なく育っていたのに、どうしてあんなに非情な人間だったのか……。ただ自分は弱い人間なんだと思う。人に自分は強いと、えらい人だと認めてもらいたかったのだと思う。……中学に上がる前にちゃんと謝ったけど、そんなことで済まされるはずはないと思う。いじめは、いじめられる方には何も問題があるわけじゃないと私は自分の体験から思う。……「一人一人はどんなに大切か」その大きさに本当に気付いたのは、自分で感じた頃には高校生になっていた。そこで、自分の過去をしっかり反省し、今、いじめを一つ残らずなくしたいと思う。……いじめを見つけるのも難しく、なくすのもとても大変なことだと思うけど、私はやりたいと思う。今私は教師を目指している。……

＊「一人一人はどんなに大切か」に本当に気付いていかれるまでに自分を変えて行かれた努力に感動します。こんなたくましい若者の夢を世に知って欲しくて、どうしてもそっとしまっておくことができなかった。「教師を目指し」「いじめを一つ残らずなくしたい」という決意と抱負には全力を挙げて応援したい。

〈不登校の私に勇気をくれた『みすずコスモス』〉

私には中学校三年生の時学校へ行けなかったという後悔と無念がある。かといって家にいたかと言えば家にもいなかった。学校のトイレにずっと篭っていたのである。

私が学校生活を拒んだ理由は様々な要因が重なっていた。受験の重圧や対人関係の問題など。そして家にもいなかったのは、家にいれば学校へ行けと怒鳴られる。そして当時祖父がガンで倒れ自宅で療養していた。少しでも心配はかけまいと学校へいくものの、クラスには入れず、かといって家には帰れずトイレの中で過ごすしかその時の私の状態では考えられなかった。

トイレには誰かが入って来る。そしてどうしてあの子はこんな所に入っているのだろうと不思議に思うだろう。だが私にしてみれば、誰に何も言われず自分を守れる場はそこしかなかった。当時の私は劣等感を抱き、自分が何のために存在しているのか分からなかった。

『みすずコスモス』という本に出会って初めて自分を尊いと感じた。この本は金子みすずさんの詩に著者が解説を添えたものである。解説の中の「あなたはあなたでいいのです」という言葉に惹かれた。とても涙がこぼれるほど安心できた。自分を認め受け入れてくれるものと出会った時の喜びと感動。……『みすずコスモス』に出会ってからは、ものをみる目が変わった。……略……

＊ああ、なんということか。自分を認め受け入れてくれたものが一冊の本であったとは。涙とともに怒りまで吹き出てくるのを抑えきれない。学校がこんなに悲しむ子を作ってはいけないのだ。

第四章　被差別の怒りと悶癢

〈すべての子どもが幼いときから徹底した同和教育を受けるべきだ〉

なぜ人々は差別をしたがるのだろうか。私は日本国籍を持たない。そのことは、今まで誰にも言ったことがない。なぜなら、人々は日常の中であまりにも多くの差別の会話をしているからだ。差別の内容はいろいろだが、みんな本当になにげなく差別発言をして、笑い話にしているのである。そんな時の私はただ周りにあわせて笑ってはいるが、心の中では泣いている。友達に一緒に車の免許をとりに行こうと誘われても、本名がばれてしまうので行かないし……、アルバイトの面接の時に本籍地を尋ねられると、○○○とウソをついている。日本人のふりをして生活している私は常に差別を感じ、将来の就職や結婚について不安でたまらない。

そんな私からみると、同じ日本人同志なのに、同和地区の人々を差別するのはおかしいことだと思うのである。

友達から……アルバイトや下宿をめぐって……いろいろ聞く。きっとその人達は同和教育を受けていないのだろう。すべての子どもが幼いときから徹底した同和教育を受けるべきだと思う。……略……

＊『アジア人留学生の壁』(日本放送出版協会、一九九六年)を見ても、留学生たちの痛烈な言葉に思わず考えさせられてしまう。国際的視野からも人権への教育基盤をしっかり構築していかなければと教えられる。全文を紹介したいが、とてもできない。一言一言の背景と心情を読み取ってほしい。

〈中学校の先生がこんな詩をプレゼントしてくれました〉

「体の不自由な人の手助けをしてあげましょう」……ありふれたこの言葉を耳にするたびに私は悲しい出来事を思い出します。私は分娩マヒのため左腕が上がりません。……しかしこれと言って不自由だと思ったこともなく、こんな自分が好きです。しかしそう思えるまでの道程はとても遠かったように思います。小学生の時、私は集団生活がとても嫌でした。皆に馴染めませんでした。ドッジボールの授業で、ボールが取れない私を皆が非難したことがありました。先生に助けてほしかったが何もしてくれませんでした。……しかしその週の道徳の時間に身体障害者の資料を配ってこう言われたのです。「体の不自由な人の手助けをしてあげましょう」。ショックでした。

次の日からクラスの皆の態度がすっかり変わってしまい、よそよそしくなり、さらには「私にできることがあったら何でも言ってね」という内容の手紙をもらいました。私は悲しくて悲しくて仕方がありませんでした。私は皆と違う、下の人間なんだと思ったのです。……先生のよかれと思った一言に傷ついた私でしたが中学校の先生がこんな詩をプレゼントしてくれました。

大きな木の木陰のように
優しい人の心には
痛みに耐えた傷がある

私はこの詩に救われました。私はこの先生が大好きでした。クラスの仲間も普通に接してくれ、レクリエーションの種目もさりげなく私のできる種目に変えてくれました。私はそれから随分明るくなり、両親に感謝する気持ちも持てるようになったのです。私は私のために何かをしてくれるのではなく、私自身を理解して欲しかったのだと思います。……

新聞などで「ハンディー乗り越えライブ活動」というような記事を読むとライブ活動と車椅子は関係ないじゃない！　と思って悲しくなります。車椅子なのに歌うことがすごいのでしょうか。……

＊「体の不自由な人の手助けをする」ということは大切なことに違いない。しかし「私自身を理解して欲しかったのだと思います」という言葉は、一番大切なことを教えてくれる。マザーテレサさんは「この世の最大の不幸は、貧しさや病ではない。誰からも自分は必要とされていないと感じることである」と残された。

〈私ができることは差別を見過ごさないアンテナを張ること〉

……私が「人権」という言葉と出会った場所は、小学校ではなく、〇〇に住んでいる児童を対象にした解放学級というところでした。解放学級では、いろいろな資料を取り上げながら、部落差別についてお互いに「おかしいな」と思うところを言い合ったりしていました。たとえば私の地元では、古くから繊維産業が盛んで、各地区にたくさんの繊維工場があるのに対して、私の住んでいる地区には一か所しかないという資料を見て「どうしてなのかな」と話し合ったりしました。そしてその経営者の方から差別をうけてこられた体験談をうかがいました。……他の地区に住む子たちに知られたら私も差別を受けると恐怖感を抱いたものです。……

高校に入学してから、全校生徒が集まって人権の講演会があった時のことです。講演された先生は、ご自身が〇〇出身の方で、実体験をお話しくださったのですが、みんな「私には関係ない」といった感じで、居眠りをしていたり、隣同士で関係のないことを話していて、そのお話を聞いていないのです。そういう姿を見て、私は「ちゃんと聞いて欲しい」と思いました。みんなに「部落差別のことは隠しておきたい」と思っていた私がです。

私は何人かの人たちが、「部落差別のことなんか、聞かなかったら知らんかったのに（ほっといたら差別なんてなくなるんちゃうん）」と言っているのを聞いたことがあります。私もそう思っていたことがありました。けれども、「それではいけないのではないか」と思うようになったのです。差別を隠しておいたのでは、決してなくなることはないと思います。まず、みんなが「差別があった（今も尚ある）」という事実を知ることが大切なのではないでしょうか。……

私ができることは差別を見過ごさないアンテナを張ることだと思っています。

＊「部落差別のことなんか、聞かなかったら知らんかったのに」本当に多い声である。二一世紀を迎える人々が、平和も人権も環境も、知らんかったといっておられるのだろうか。

〈現状維持には何ら得るものはない……〉

……私の告白文になるかもしれない。私は同和地区に生まれたことを何度嘆いたかしれない。別に差別を受けたわけではない。そんなこと一度もなかった。しかし、人の話を聞いていると、結構現実に差別はあって、私はいつしか自分が○○に住んでいることを隠すようになった。正確に言うと住所をはっきりと平気に言えなくなったのである。自分の住む場所を堂々と言えないなんて、どれほど愚かで情けないことか分かっているけれど、耳に入ってきた現実の話が忘れられないものとなり、私をとてつもなく臆病にさせていく。

精神的に最もこたえたのが、友人の結婚破談のことであった。本当に最近のことなのだが……私が臆病になりだしたのは、恋をした時からだったと思う。今も好きな人がいるけれど自分が○○に住んでいることを言えずにいる。友人の話を聞いた時、私は涙が止まらなかった。……友人は……出会いもないし結婚できなかったら料理の道に進むと言っていた矢先、今回のお見合いで素敵な人と出会った。彼女の喜びは目に見えて分かったし、結婚するかもしれないと語った時の彼女の笑顔は忘れられない。それなのに、次に彼女に会った時、死にそうな表情をしていた。私は彼女をずたずたに傷つけた人間を許せなかった。悔しくて涙が流れた。……○○に生まれただけで、前にそんな問題が待ち構えているのかと思うと、もう根本から憎みたくなって涙が流れた。……現状維持には何ら得るものはない。……今私が頑張るべき時なのかもしれない。……

＊世に女性がいるから女性(差別)問題があるのではない。障害者がいるから障害者(差別)問題があるのではない。同和地区があるから同和問題があるのではない。錯覚が実に多い。人権問題とは関係性の問題であり、差別、被差別を生み出してしまう全体の構造と意識の問題なのである。差別の現実に学ぶのも、関係性を問い、全体構造を問い、共同観念を問うためである。その時、「私には関係ないこと」とは言っていられないのである。切々と語ってくれた彼女は、おそらく書きながら、また思い出して涙していたかもしれない。対峙的にみれば同情しか生まず罪悪である。

〈これから私たちが何をすれば良いのか考えていこうと思った〉

私は、先生の講義を受けるたび、いつも胸がしめつけられる思いでいっぱいだった。私は部落出身者である。何度も涙がこぼれ落ちそうになったし、もうこんなつらい話、聞きたくないとも思った。しかし、先生が熱心にありのままのことを話してくださって、まわりの友達もその話を聞き、何も知らない人が少しずつ部落について知っていってくれてすごく嬉しくなった。ありのままを話してくださることによって、部落差別を身近なものとして感じた。……今、こうして人権論を受けられることを嬉しく思う。教育者となる私たちは、決して間違った偏見を持ってはいけない。正しい知識をしっかり身につけ、私たちの手で部落差別をなくしていこうという気持ちを持たなければならない。今まで私は、部落差別があるという現実から目を背けていたような気がする。……これではいけないという気になった。……

それは先生が本当に熱心に話をしてくださって、学生がそれを聞こうという姿勢が目に見えたからだ。みんなの感想を聞いて、みんなしっかり受け止めてはるな、と感じた。だから私も、部落差別としっかり向き合って、これから私たちが何をすれば良いのか考えていこうと思った。……後略……

＊自分の評価をされているみたいでつらいのだが、ありのままの気持ちと受け止めたい。授業はどこまでも私の考え方であって、それが絶対ではないことを断っているつもりである。そして、みんなが、それを参考にして自分で普遍の人権の原理を発見し体得して欲しいと叫んでいる。真剣に考えてくれるので、嬉しく思うし、できるだけみんなのメッセージも紹介しようと努めている。

〈思えば、あの学校で、私は同和教育など受けたためしがない〉

部落という言葉を初めて聞いたのはいつのことだったかすでに記憶はない。ただその悪意に満ちた音声だけが、妙に耳に残っている。……幼い頃、私はまだ何も知らなかった。知らないままの方が、よっぽどよかったと思う。……悩んだあげく、耐えきれずに、ついに私はその町から逃げた。中学進学の際、ひとり、他市の私立の学校へ入ったのである。

最良の選択とは言いがたい。……思えば、あの学校で、私は同和教育など受けたためしがない。なにより教師が差別をやめましょうなどと言える立場になかった。彼等が、ある意味率先して差別をしていたからである。それどころか、〇〇から〇〇まで、町を統べる立場の者が公然と部落差別につながる言葉を口にしてはばからなかった。……あの町へ戻ろうとする気が起きない。問題は私自身にある。もしも、差別の場に直面した時、私は、果たして平静でいられるだろうか。またかつてのような、曖昧な態度を見せてしまったりしないだろうか。……自分でもより深く学び理解を深め、たとえ一条の光でも見つけ出さねばならない。それが、我々の課題である。

＊こんな中にあっても、なおかつ彼女の「問題は私自身にある」という言葉には胸痛む。彼女は半年間、何かをつかもう、一条の光でも見つけたいと講義に参加してくれた。私も真剣だった。しかし、私は彼女の求めるものが提供できなかった。申し訳なくつらかった。元気を失わずにどこかでがんばってくれているだろうか。今もずっと一条の光を探し求めているのだろうか。

〈「中途半端に流す問題じゃないな」と思いました〉

私は、〇〇と言われる被差別部落で二一年間生活してきました。……中学校に入って、本格的に同和問題について学習しました。学習内容は、初めは人種差別などから始まり、徐々に踏み込んだ内容になっていった気がします。中学校で行う学習の他に、センターでさらに深く行う学習もありました。……そして中学生の私ですら「中途半端に、適当に流す問題じゃないな」と思いました。学習は、三年間みっちり続きました。……きっと、あの三年間で大きく(私は)変化したのだろうと思います。

〇〇に生まれて良かったとか、私は誰にでも自信を持って部落出身であると言えるとか、そんなことは決してありません。〇〇以外で生まれたら、私がこれから背負っていくであろう悩みもなかっただろうし、人を選ばず公表する勇気もありません。でも同和地区出身であるという事実をひた隠しにしたり、何の意味も、落ち度もないのに、地区出身であることを恥じたりすることはもっとありません。……○○の人たちは……ごく普通の人たちなのです。この、当たり前の事実に気付いて欲しいと思います。様々な事情で学校に行けなかったり、そのせいで自分の望む職業に就けない人が、他の地域に比べれば多いのは事実です。……この基本的なことに気付くのは大変難しいことらしく、残念ながら未だ根強く差別は残っています。私たちもそれに立ち向かう努力をしています。……

まわりの人も努力してほしいと願っています。同情やあわれみの眼でなく、同じ人間として見て欲しいと、私たちは願っています。

＊人権問題の原因が、人や地域自体にあるのだという偏見の構図は本当にきつい。若者にまで「ごく普通の人たちなのです」と語らせてしまうとは、何と痛々しいことではないか。繰り返すが、人権問題は「関係性の問題」なのである。関係によって生まれてくる問題なのである。

〈短い間でしたが、ありがとうございました〉

私は今まで同和問題、ひいては人権問題から目を背けていました。在日である私は人権問題のまっただ中におり、それについて考えることは自分を追求することになり、そのあまりの難しさ、苦しさから逃れるために、できるだけそれらの問題には触れないようにしていたような気がします。そしていつしか自分をいつわり、差別を行う側の人間になっていました。しかしやはり疑問を投げかける自分もいて、だんだんその思いがふくらんできて、もう目を背けてばかりいられなくなっていました。

そんな時、同和教育の授業を受けることになったのです。正直私はこの授業に何も期待をしていませんでした。私が今まで受けてきた同和教育といえば消極的でその場しのぎのものだったので、今回もそんなものだろうと冷めた思いを持っていたのです。

しかし三カ月という短い期間で私は少し変わったような気がします。差別や同和問題や人権問題から目を背けず、誠実に、正直に自分の思いを語ってくれる先生の授業で私の心のとびらが開かれたのです。今まで語ることのできなかった自分の疑問を先生にぶつけることにより、自分自身でも考えることになりました。それは想像以上に苦しいもので、途中何度も挫折しそうになりました。しかし私は変わりました。今ではこの問題に積極的に関わっていきたいと思っています。

このような想いになれた先生の授業が終わってしまうことは残念でなりません。まだまだ教えていただきたいことがたくさんあったのに……。

短い間でしたが、ありがとうございました。

＊思わず涙してしまった。これからが大変だろうと思うと、やっぱり授業はスタートでしかない。力強く生きていってくださいと祈る気持ちである。

第二部　人権問題・同和問題の元凶とその克服

第一章　人権侵害の元凶は心の囚われやこだわり

はじめに

一　私のこだわり

「権利」「人権」「民主主義」「人間の尊厳」「自由と平等」「近代精神」等々の用語は、誰もが、いつでも、どこでも使っているし、その思想を改めて疑ったりなどすることはありません。また、その意味を開き直って問い直してみるということもふだんはあまりしないものです。至極当たり前のことと思っています。みんながそう思っているのだから、民主主義も生活の中に行き渡り、人々や社会の中にもすっかり浸透し、「人権の尊重」も「自由と平等」も百年前とは比べものにならないほど定着してきたと、誰もが漠然と感じているのではないでしょうか。

「わが国は、戦後の五〇年、めざましい発展を遂げ、諸制度の民主化が進み、資本主義は高度に発達し、あらゆる分野で近代化が図られてきました」といえば、うんうんと聞き入り、別にめくじら立てて反対する人もいるまいと普通は考えてしまいます。

しかし、果たしてそうでしょうか。ほんとうに民主化、近代化が着実に前進し、人権が尊重された地域社会を築いてきたといえるのでしょうか。私は、長く学校教育・社会教育および教育行政の業務に携わってきましたが、たくさんの現実的な人権問題や課題にぶつかってきて、そんなに調子のよいものではありませんでした。落胆したり、驚かされたり、ショックを受けたり、迷ってしまったり、人々のこだわりや囚われの辛辣さに戸惑ってしまうことがたくさんありました。そして、かたくななこだわりや囚われこそが、人権侵害の癌ではないかと思うようになったのです。だからこの「こだわりや囚われ」の意識に、私は徹底して**こだわっていこう**と考えるようになりました。今もこだわり続けています。

ところが、「こだわりや囚われの意識」にこだわっていくとなると、日本の文化や日本の歴史に無関係ではいられなくなってきます。歴史や文化に目を向けながら、日本人を見ていくと、いつの間にか私の日本人論みたいなものができてしまうのです。「それはおまえだけの日本人論だよ」とあしらわれそうな気もしてきますが、私だけの日本人論でもいい。根源を問うことを避けて、現在の現象を追い掛け回しても、教育や啓発に先が見えてこないではないか。学生たちの回想文からも、やっぱりそのようなこだわりはどこから来るのかと、問わずにはいられなくなるのです。

私だけの日本人論でもよいといいましたが、日本人論や日本文化を学問的に問うてきた人は限りなく多くおられます。外国人による戦後の日本人論だけでも、ベネディクトに始まってウォルフレンに至るまでおびただしい人数になります。中身も日本人に対する過小評価から過大評価まで様々です。欧米人たちが、日本特有のものとして大いに称えたりすると、アジアの人からは、日本人特有とはいえない。われわれと同じじゃないかと異論反論してくることも多いといわれます（村上勝敏著『外国人による戦後日本論』窓社、一九九七年）。そんな中で、世界的なベストセラーにもなっているのに、日本ではあまり受け入れられなかった『日本権力構造の謎』（上・下、早川書房、一九九〇／九四年）がありますが、その著者ウォルフレンが、別の著書の中で、虚をつくような指摘をおこなっています（『人間を幸福にしない日本というシステム』毎日新聞社、一九九四年）。

……日本は独裁国家でも全体主義国家でもない。しかし、偽りのリアリティーという幻想が、政治・経済問題にからみ、日本のいたるところで深く根を下ろしている。日本の民主主義《デモクラシー》はまだ実現していない。それは可能性《ポテンシャル》にとどまっている。そして、人々が常時頭のなかに居座らせつづけている、この私のいう偽りのリアリティーこそが、おそらく日本の民主主義実現への最大の障害物になっている。……

彼のいう「偽りのリアリティー」については、ここで詳しく紹介できませんが、日本は官と民との区別がつかないほど、社会のほぼ全体が政治システムに組み込まれていて、政治化された社会だといい、官僚独裁主義ぶりは世界からみても異常なほどだというのです。

これから考えてみようとする私も、こうした多くの人たちの日本人分析を無視することは許されませんが、私はかたくなにまでこだわったり、囚われたりすることで、人を傷つけたり、人を苦しめたりする場合の、そのような「こだわり」や「囚われ」について**こだわっていきたい**のです。

二　こだわりと囚われの根源

さて「こだわり」や「囚われ」は、その人のものの見方・考え方に深く根付いていると考えられないでしょうか。またものの見方・考え方というのは、一人一人の価値観ですから、「こだわり」や「囚われ」はある種の価値観にもとづいていると考えられます。これから考えてみようとすることは、「Aさんの価値観」とか「Bさんの価値観」といった個性的な価値観ではなく、AさんにもBさんにも共通するような価値観、あるいは共同観念といったことを問題にしていきたいのです。もっといえば、日本人全体に共通するようなものの見方・考え方とか価値観とか規範意識のようなものの存在について考えてみたいのです。日本人を丸抱えして、そのようにレッテル視すること自体が間違いかもしれませんが、共通の歴史と共通の文化をもつ集団であるかぎり、その存在は否定できないはずです。

しかも、このような「ものの見方・考え方」とか「規範意識」は、人々の長い生活の中で、いつとはなしに客観的な世界を作りだしているものです。客観的世界とは、思想とか、制度とか、習慣とか、芸術とか、行動様式、生活様式、儀式、祭礼などに至るまで、それらは人間のものの見方、考え方、規範意識、価値観などの具象化・客観化された形であり姿であるということができます。そうすると、「ものの見方・考え方」とか「規範意識」の問題は、同時に、そのまま「文化の問題」にもなってきます。

ところで、村田昇先生（滋賀大学名誉教授）は『国家と教育』（ミネルヴァ書房、一九六九年）の中で、**「個々の人間は、最高の生命的意味を見出だすために、たえず闘いつづけながら歴史にかかわり、それを作りあげていくのであるが、しかし、彼が、最高の存在に到るまで闘い通すことは恐らくは永久に可能ではなかろう。従って、主観**

の創造した客観的精神は、規範的精神の純粋な表現ではなくて、制約された、奇形化された形態のものであり、価値と非価値を共に含んだものであることはまぬがれない。……この共通に創造された形象は、それが不完全なものであっても、文化として個々人に働き帰してくる……」と述べられているが、制約され、奇形化されたままに、価値と非価値を共に含みながら存在しているとするならば、価値の中に非価値を、非価値の中に価値を見極めることはきわめて大切なことであります。それが不完全なものであったり、たとえ非常な嫌悪感を抱いているものであっても、その作用から逃れることはできないとするならば、僭越大胆にも日本の精神史とか文化史の一端にも目を向けてみなければならなくなります。人権侵害につながるこだわりと囚われの根源を探ることができるのなら……。

三　存在を変えるものも意識

意識を問うとなると、どうしても斎藤洋一先生の著書『身分差別社会の真実』（講談社、一九九五年）の中の次の文章を紹介しないわけにはいきません。先生は、「（人々が当然のことと思っている）共同観念は、政治権力による強制よりもさらに強い強制力を持っているといえる……」「部落差別は政治権力がつくったものとする見方が有力だったが、そのように考えている限り差別をなくすことはできないのではないか。差別は、私たちみんなでつくり、維持してきた、言いかえれば私たち一人ひとりの問題としてとらえ、なくしていこうとしない限り、差別をなくすことはできないのではないか……」と。

確かに政治権力だけが作ったものなら、政治権力でなくそうと宣言した「解放令」の時に終わっていなければならないはずです。むしろ、民衆・大衆の「ものの見方、考え方、感じ方」「共通意識・共同観念」の方が重要な事柄だというのは私もまったく共感するところであります。

しかし、斎藤先生のこの提起については、その後たくさんの批判が起こりました。本書の「はじめに」のところでも触れましたが、部落差別は天皇制、家制度、戸籍制度の中で強化され再生産されてきたのであって、政治権力を抜きにしては考えられないというわけです。

もちろん私も、後で述べることになりますが、たとえば平安時代の延喜式や服忌令が原因となって、日本の場合には他国に見られないほどの長期にわたって「ケガレ観」をひきずる結果となったことは理解できます。政治権力という外的な諸条件が、人々の意識を形成していったであろうこともよく分かります。「存在が意識を決定する」とはよくいわれたことであります。

にも関わらず、私は、その存在を変えるのは人の意思からであり、意識を変えるのも人の意思であることを思えば、教育と啓発に心する人間は「意識」を何よりも重要視したいと考えるのです。たとえ政治権力によって、人々の意識や価値観が規制され形成されたのだとしても、未来を志向するわれわれは、その政治権力を客体視して、そのふさわしいありようを考えなければならないのですから、意識から出発しなければなりません。ちなみに「意識とは、今していることが自分でわかっている状態。われわれの知識・感情・意思のあらゆる働きを含み、それらの根底にあるもの」(広辞苑)であると説明しています。

意識か、観念か、価値観か、文化か、政治か、権力かなどと広がってしまいましたが、要するに自覚の有る無しには関係なく、それが当たり前と感じて行動している、その根源のものを追求していきたいと思います。

私はこだわりや囚われの根源と考えられるキーワードは「浄穢観」、「貴賤観・序列観」、「同調志向・同化志向」の三つではないかと考えています。以下それぞれについて触れていきます。

第一節　浄穢《じょうえ》観の囚われとこだわり

一　神道にみる「浄とけがれ」

遺跡としてのギリシャ神殿と祭りが続く日本の神社

五〇年前、終戦とともに連合国軍最高司令官によって発布されたものの中に、「人権指令」と「神道指令」がありました。これは、占領政策文書の中でも特に重要なものといわれるものでした。そこに示された基本の原則は、すでに憲法等で法制化されたし、宗教と国家の分離が図られたし、宗教や教育から超国家主義的なものや軍国主義的なものは徹底的に除かれていきました。そして、明治以来の国家神道は、すっかり姿を消したのでした。

信教の自由が保障され、神社は宗教法人化していきました。そのために、終戦直後の村の神社も、灯が消えたようにさびれてしまいました。しかしそれが、近年になると、逆にだんだんと活気を帯びてきているようです。今日では、当時からすれば想像もできないばかりに変わってきました。小さな社殿も、ちょっと傷めば修理されるし、屋根は葺き替えられるし、信者たちの熱意で次々と奉賛金も集められ、年とともに美しく整えられてきました。それればかりか、神事や奉納行事も次第に賑やかさを増してきて、それらの祭儀も、五〇年前とは比較にもならないほど華やかになってきました。祭礼は年間何度か行われ、老若男女がえびす顔で集まってきます。

渡部昇一先生が『日本史から見た日本人』（祥伝社、一九八九年）で次のように述べておられるが、いかにもとうなずけるところです。

数年前の夏、私はギリシャのスニオン半島に三週間ばかりいた。ここを根拠地にして、ほうぼうの遺跡に見物に出かけたのである。私が宿泊していたホテルのすぐ上の岬の上にはポセイドンの神殿跡があった。それからミケネをはじめとしてほうぼうの遺跡を見た。そのギリシャから帰るとすぐに私は石巻の知人のところに家族を連れて一〇日間ほど遊びに行ったのであるが、その時の印象を忘れることができない。そこでは夏祭りをやっていたのである。石巻の港を見下ろす高い丘に大きな神社があって、その祭りを町中挙げて祝っているのだ。ギリシャから帰ったばかりの私には何という新鮮な光景であったろう。海を見晴らす丘の上に海神を祭るという点ではギリシャの神も日本の神も同じである。**しかしギリシャの神々は遺物であり、博物館の陳列品にすぎない。ところが日本の神はまだ自分の社、しかも木造のものを持っており、コミュニティーが挙げてその祝日を祝っているのだ。……世界最新最強の工場を見下ろす丘で……祭りは生きているのだ。**……（強調は筆者）

日本人のものの見方考え方

古くても単なる旧跡ではなくて、今も生きている日本人が創造してきた神社というのは一体何なのでしょうか。時代により、為政者により、宗教ではないとか、宗教であるとか、民俗であって宗教ではないとかいろいろいわれたりもしてきましたが、ここには日本人の「ものの見方・考え方」とか共通感情のようなものが息づいてはいないでしょうか。

有史以前からの「カミ」信仰、古代から、庶民たちの心に流れてきた民俗的・伝統的・土着的な「カミ」信仰、記紀の神道、伊勢神道、そして明治以後の「国家神道」、戦後になると「信教の自由」とめまぐるしく推移してきましたが、そこに流れる共通の心は何なのだろうか。そこには、私たちの「ものの見方・考え方」「共通観念」といったものが自然な形で通底していると考えられないでしょうか。そこをはっきりさせたいのです。

「神」の語源にはいろいろな説があります。「神道」という言葉が使われたのはいつ頃からなのかは存じないけれども、「固有神道」は賀茂真淵（一六九七〜一七六九）がいい出し、平田篤胤（一七七六〜一八四三）が国学の中で大成したといわれます。民俗信仰としての神は、漢字渡来以前からのものだから、「神」ではなく「カミ」というべきかもしれません。

日本の神は生命力そのもの

この神について、哲学者の梅原猛先生はこれを哲学的に問いながら存在論と価値論と政治論から説明されています（『美と宗教の発見』）。また石田一良博士は、『カミと日本文化』（ぺりかん社、一九八三年）の中で、日本の神道は、時代とともに次々と衣装を着せ変えられてきた。神道の研究は、うっかりすると、その時その時の衣装の研究をしていて、神道の本当の裸身を見ていないなどと指摘されていますが、だからこそ梅原先生は、哲学的にその本質を明らかにしようとされたのかもしれません。

梅原先生の存在論を簡単にいえば、物質をこの世の存在するものの中心とするか、精神をこの世の存在するものの中心とするか、人間をこの世の存在するものの中心とするかによって、ものの見方は根本から違ってくるが、日本人は生命(いのち)をこの世の存在するものの中心において見てきた。**日本人はこの世に存在するものはすべていのちあるもの、生きとし生けるものとして見る。逆にいえばいのちのあらわれが自然である。そして、それらのいのちをいのちとして存在させている力を「霊」として、「魂」として、「神」として崇拝してきたのだと。だから自然はすべて生ける魂、生ける霊、神そのものであると見たのである。**山の神、池の神、川の神というように……。

このように、カミとは生きとし生ける存在としての自然であり、自然そのものがカミであるが、これを何かの形で表そうとする時は、カミを清浄なものとし、その象徴として鏡を選んだのだという。また、空間を区切って、しめ縄をめぐらせ、そこをカミの清浄な場とした。梅原先生は「日本人は、しめ縄によって限界づけられた自然の空間に、神そのもの、存在そのものの秘かな開示を見る豊かな想像力を具えていたのである」と表現されています。

先の石田博士も『カミと日本文化』の中で、日本の神道は諸宗教・諸思想の影響を受けて、「着せ変え人形」のようになっているが、その本来の姿―裸身を研究されて次のように述べられています。

「古事記や日本書紀によると、最初に現れた日本の神は生命力そのものだった……」

「神道においては生成の働きにかなうものがすべて善である。……よき神は生命を与え、成長を促進する力であり、悪しき神はそれを一時的に阻害する力である……」

「神道は生の宗教である」

こうした雄大な生命観に貫かれていたのが古代の神であったというのです。それが、歴史の流れとともに、その時々の支配権力や江戸時代の平田神道らによって、自然神は人間化し、自然崇拝は人間崇拝に置き換えられていきました。何よりも天皇崇拝と結びつけるかたちで政治に従属していきました。自然神が人間化すると、神を先祖にもつ天皇への崇拝は絶対的なものと説かれていきます。そうすると人間を存在するものの中心に据える近世ヨーロッパの人々の存在観とも、一脈通ずるような神の見方になっていったことにもなります。むしろ現代は、もう一度、自然そのものとの生命のつながりを回復するべきであると梅原さんは強調されています。

いのちの生成を阻害するものがケガレ

次に価値論に立つ説明です。国家神道であれ、民俗的・伝統的・土着的な古代神道であれ、流派が違っていても、すべての神道においては「清浄」という価値をすべての中心に置き、そして穢れの価値を反価値の中心に置くという。昔からの「六月晦大祓祝詞」に対する本居宣長の解釈を紹介されながら、祝詞では四つの**つみ**を祓う。「穢れと奸(たわけ)と災と悪行」である。しかし「祓いは、悪行をば主とせず、穢れを以って第一の悪とす」と解釈しているという。つまりすべての悪いこと、災いも悪行もすべて穢れと考えて、この穢れを祓えばすべての悪が消失すると考えるのが日本古来の見方だと本居宣長の説明を紹介されています。

だから、「罪、穢れ、災い」のない清浄とは、真善美聖の化合物のようなものであって、あらゆる価値の総合的表現なのである。つまり、清浄は善だけを意味したり、美だけを意味したり、真だけを意味したり、聖だけを意味したり、災いのないことだけを意味したりすることなく、これらをすべて包含しているのである。聖なるものについても、絶対者や超越的なものに対する感情ではなくて、自然の本体としての自然の中にある浄なるものという意味であった。

このことを梅原先生は「日本人は一つの価値の専制からまぬがれた」のだといい、「われわれの民族はすでに何千年の昔から、このような一元的価値論よりはるかに精妙で自由な価値論を持っていたのである」とも述べられています。さらに先生は、もっと広く世界的な視野に立って、「価値の集約点」ということをいわれ、少し長くなりますがこれからの考察にも参考となるので紹介したいと思います（『美と宗教の発見』）。

たとえばソクラテスによれば一切のマイナスの価値の中心点は無知である。この無知を自覚し、この無知を知に切り替えてゆくことにより、一切の価値がマイナスからプラスに転化されるというのが知性主義の基本的な確信である。同じようにキリスト教では、一切のマイナスは罪になるとする。この罪を神の前に懺悔するとき、神は人間の運命を切りかえてマイナス価値をプラスに転化させる。**神道では、一切のマイナス価値を穢れに集中させ、それを清浄に転化することによりすべてのマイナス価値をプラスに転化させようとするものである。**（強調は筆者）

みそぎ　はらえ　きよめ

さて、清浄を得るためには、穢れや、罪や、災いを払いのけ除去することが必要でした。そこから生まれてきたのが、「みそぎ」であり、「祓い」であり、「きよめ」であり、「祈祷」です。

「禊」（みそぎ）や「祓い」の起源は「古事記」に述べられています。平安時代には先にも本居宣長の解釈で紹介したように、すでに六月と一二月の晦日に「大祓」が行われ、「大祓詞」（おおはらえのことば）という祝詞（のりと）が読まれるようになりました。それは明治になっても続いていたとのことです。

先年、私の地域の氏神さんから、小生宛てに、還暦祝賀式典の案内がきたので参列してみました。社殿の寒い板の間に座りながら、神主さんの祝詞を聞いていると、「……罪とけがれを払いたまえ……」のことばが、何度も繰り返されるので、すっかり耳に焼き付いてしまいました。このようにして、一千年も二千年も続いてきたことに思いをいたし、先祖代々、営々と共有して来たであろう庶民の価値感情がなんとなく分かるような気さえしてきたのでした。

何を具体的に穢れとされていたのか、日本最大の百科史料事典である『故事類苑』によれば「不潔、不浄、罪、災い、悪行、異変、天変地異、死、病気、悪、火事、犯罪」等が、広い意味での「ケガレ」とされていたことがわかります。なるほどとも思われます。なぜなら、「神道においては生成の働きにかなうものがすべて善である。……よき神は生命を与え、成長を促進する力であり、悪しき神はそれを一時的に阻害する力である……。神道は生の宗教である」としたのだから、いのちを阻害したり、破壊したり、生命力を衰えさせるものは、清浄とはいえず、すべてケガレと見るのは当然だといえるからです。

こうして古代神道は、やがて壮大な神社体系となり、格付けもされ、それぞれに盛大な神事・祭儀が行われてきたのだから、千年以上にわたるその影響は、計りしれないものといわなければなりません。

自然を中心とした存在感と浄という価値観

以上、存在論と価値論からの「カミ」の説明を見てきましたが、わが国は「この自然を中心にした存在論と、浄という価値を中心にした価値論を基礎にして、後に仏教を受け入れた」のだといわれます。仏教だけではなく、あらゆる外来の文化を摂取していく時も、この「**自然を中心にした存在観と浄という価値観**」を基底に据えながら、多くの異文化を受け入れていったのではないでしょうか。もっといえば、日本文化全体の底流には、さらにはわれわれの規範意識の底流には、どこかに「自然を中心にした存在観と浄という価値観」が流れているると考えられるのではないでしょうか。もちろん「浄という価値観」には、反対の「ケガレという価値観」が伴っていることはいうまでもないことです。

私たちの生活や心の中にも強く影響していると気付かされる一例として、たとえば、「清き一票」といったり、「あいつはキタナイ奴だ」といったり、清純とか潔白とかをよきこととあこがれるなど、日本人の規範意識にまでなっていることがよく理解できます。

触穢思想により禁忌となるケガレ

このような古代の「浄」や「ケガレ」観は、決してこのままの意味や在り方で続いたわけではありません。また、ケガレが「みそぎ」や「祓い」や「祈祷」をすれば簡単に除去できるというふうにもいかなくなっていくのです。この変化が問題なのです。中世以降になると、ケガレは伝播し、それに触れたものは厄を招くという「触穢思想」が貴族社会に広がり、続いて庶民の世界にまで流布していきました。やがて「忌み」を必要とするようになり、大きな神社はたいていが「諸社禁忌」を定めていったのです。例えば、沖浦和光・宮田登著『ケガレ』(解放出版社、一九九九年、一四九頁)によれば、

伊勢太神宮　禁忌

産穢――延喜式七日がここでは三〇日
死穢――延喜式では三〇日だったが、ここでは五〇日
触穢――甲乙丙と伝染するのは常の如し
服仮――喪家を訪問するな
五体不具――忌み七日は常の如し

諸社禁忌

失火――忌七日
傷胎――三十日穢
月水――七日忌
鹿食――三日忌　延喜式通り
六畜産――三日忌　延喜式通り

また、後には、寺社の境内に次のような門柱や石碑が姿を現してきます。

社寺境内の門柱や碑石（一例）

不許汚穢不浄之輩入境内	岐阜飛騨一宮水無神社
不許触穢者入神事	
禁殺生穢悪	熊野の神社
禁酒肉五辛入門内	京都雲龍院
不許葷辛酒肉入山門	京都法然院

ここでいう六畜とは、馬、牛、羊、犬、豚、鶏をいい、五辛とはもともとは仏教でのタブーで、ニンニク、ラッキョウ、ネギ、ヒル、ニラをいいます。道教のタブーにも五辛があるといわれます。

このように神道においては、ケガレは単に「浄」の反対を意味するだけでなく、禁忌の対象となっていきました。平安時代から次第に死と産と血の三つが「三不浄」と呼ばれ、禁忌や忌避の対象にされていきました。

二　仏教にみる「浄とけがれ」

仏教も清浄とけがれ

神道につづいて「仏教における浄とけがれ」を概観してみたい。もともと、仏教の伝来や、儒教の伝来は、わが国に大きな影響を与えた外来文化であったことはいうまでもありません。

一口に仏教といっても多種多様に存在します。日本の場合、仏教の定着に貢献されたのは聖徳太子だと云われますが、太子は法華経を中心に据え、仏教の興隆と国家の安泰を図られました。それはしかし、外国文化としての受け止め方であって、宗派や教団を作ろうなどと考えられるものではなかったはずです。だから宗教宗派としては奈良時代から存在すると考えられています。概観してみますと、

奈良時代　南都六宗……法相《ほっそう》宗、三論宗、華厳《けごん》宗、律宗、倶舎《くしゃ》宗、成実《じょうじつ》宗
平安時代　天台宗、真言宗
鎌倉時代　融通念仏宗、浄土宗、浄土真宗、時宗(浄土系)、臨済宗、曹洞宗(禅系)、日蓮宗
江戸時代　黄檗《おうばく》宗(禅系)

以上の一六宗です。現存する奈良時代のものでは法相宗、華厳宗、律宗の三宗だけですから、全部で一三宗となります。もともとインドの釈迦によって教えられたものだから共通点があります。「皆が仏になること」「覚れるものになること」が目標だといわれます。しかし聖典の選択と解釈、方法の選択、実践の選択や強調の違いから、たくさんの宗派が生まれることとなりました。

さて法華経は、天台宗以降、日本仏教に最も大きな影響を与えたと考えられますので、これを取り上げてみたいと思います。

法華経とは、釈尊が七二歳から八〇歳の頃に説かれたものといわれていて、正式には「妙法蓮華経《みょうほうれんげ》」が正式ないい方のようです。妙法な蓮華経、つまり蓮(はす)の花にたとえて説かれたすばらしい教えという意味

です。そして蓮の花は三つの徳を持つといわれ、その一つに「淤泥不染《おでいふぜん》の徳」があります。蓮の花は、汚い泥の中から芽を出し育つが、決して泥に染まることなく、清浄な色と香をはなちながら咲くことにたとえて、人間も六道《りくどう》(地獄《じごく》、餓鬼《がき》、畜生《ちくしょう》、修羅《しゅら》、人間、天)を転々しながら、五濁《ごじょく》の泥に汚れるけれども、人間の心に持つ仏性は蓮の花のように清浄であると説くのです。五濁とは煩悩にふりまわされ、世の中に悪いことが平気で行われるような罪のことを指します。

また経文には、水にたとえた教えが多く、「水の能く垢穢《くあか》を洗うに、法水もまたかくのごとし。能く衆生の諸の垢を洗う」とあります(法水とは仏法が衆生の煩悩を洗い清めることを水に擬していう語)。

また法華経二十八品《ぼん》の中の「方便品《ほうべんぼん》」では、衆生が地獄、餓鬼、畜生の苦しみを受けないですむように、諸仏がこの五濁の悪世にお出ましになるのだと説かれています。

さらに「法師功徳品《ほうしくどくぼん》」では六根清浄の果報について述べられます。六根とは眼・耳・鼻・舌・身・意のことであり、これが八万四千の煩悩や限りない罪をつくる根本になるものだから、この六根を清浄にすることが必要なのだと説き、清浄にする方法は懺悔であると述べています。

このように見てきても、文字面の上だけのこととしても「清浄《しょうじょう》」の言葉が多く用いられ、大変に価値あるものとして考えられていることがよく分かります。

源信(恵心僧都)が、インド、中国の浄土教に関する経論から、多くを引用して、地獄や極楽や念仏を分かりやすく書いた『往生要集《おうじょうようしゅう》』は有名です。膨大な書物だが、「厭離穢土《えんりえど》」「欣求浄土《ごんぐじょうど》」「念仏の利益」等について細かく述べられています。この『往生要集』は非常に広く読まれて、当時のベストセラーだったともいわれており、仏教を大衆化し、大衆イデオロギー化した役割りはすこぶる大きかったとされています。

その冒頭で、この世は穢れているので厭《いと》い離れるべきだと、数々の経典を引用されています。この世はけがれた世界であり、地獄、餓鬼、畜生、阿修羅、人間、天界を人間はぐるぐる回っていく。ある時は地獄に、ある時は餓鬼になり、ある時は阿修羅《あしゅら》となる。そして苦しみからも、悪からもなかなか解放されることがない。なかなか天に至らない人間の世界についても、人は汚れているものであることをこと細かく説明しているのです。人間は「不浄《ふじょう》の相《そう》」と「苦の相」と「無常の相」を有している。とくに不浄の相では人間の身体のことを詳しく述べていて、二千年前の経典『大般涅槃経《だいはつねはんきょう》』とか『宝積経《ほうしゃくきょう》』などから引用しながら、三百六十本の骨、各骨の名前、大腸小腸、胃、肺臓、心臓、腎臓、肝臓、脈、脾臓等等の位置から色にいたるまで解剖学の説明書のごとく描かれています。今日の用語と同じものですから感慨深くなります。

人の体《からだ》というものは、細菌(虫といっている)が何万と付着しているし、美しい体だと思っていても体内には糞も尿もいっぱい溜めている。死ねば、たちまち腐っていき、そばにはいられない。まさに不浄そのものであると徹底した筆致で人間の汚さ、けがらわしさに迫っています。要するに人の世界は穢土《えど》なのであって、厭うべきもの、離れるべきものだと説くのです。インドで人の根源的生命現象ともいえる身体からの分泌物はすべて最たるケガレとしているように。

源信の思想は法然へ、さらに法然から親鸞へと続いていきます。親鸞の著述は、信者たちの経典そのものであるが少し概観してみます。

言葉だけを拾ってみるなら、「清浄光明《しょうじょうこうみょう》」「清浄光」は『教行信証』に何度も出てきます。『浄土和讃《じょうどわさん》』を初めとする三和讃には「普賢の徳に帰してこそ穢国にかならず化するなれ」「清浄大摂受に稽首帰命せしむべし」「清浄楽に帰命せよ」「清浄勲を礼すべし」「清浄歓喜知恵光」「心業の功徳清浄にて虚空のごとく差別なし」「如来清浄本願の」「すなわち穢身すてはてて法性常楽証せしむ」「男女貴賤ことごとく」「仏智不思議につけしめて善悪浄穢もなかりけり」などと「浄」「穢」の用語が多く用いられています。これらの語法や用語からみても、神道と同じように、仏教もまた「清浄」や「穢」が大切な意味を持っていることが分かります。

先の神道のところで見てきた梅原さんの存在的分析や価値論的分析は、同じように仏教の中でも当てはまるのでしょうか。氏は、別の『あの世と日本人』(日本放送出版協会、一九九六年)の中でこう触れられています。

> 天台宗は十一世紀において、〝天台本覚論〟という〝山川草木悉皆成仏〟の思想を生み出しますが、この思想は必ずしも仏教の思想ではなく、私はあの生きとし生けるものに、同じような命が宿り、それは神になることができるという、縄文以来の土着思想の影響によって日本化された仏教思想ではないかと思う。

「涅槃経」にも「一切衆生悉有仏性」という思想がありますが、まさに「自然はすべて生ける魂、生ける霊、神そのものと見た」という神道と、生きとし生けるもの一切が「ホトケ」であるというのは、同じ見方といえそうです。価値論から見れば、「清浄光明」「清浄光」「清浄楽」が示すように、ホトケは「清浄」(仏典ではショウジョウと読まれる)の世界となります。

すると、その対極は「けがれ」です。仏教では、五濁、地獄、餓鬼、畜生、煩悩、つみ、六道の苦悩であるとされ、神道では清浄の反対は、「罪」「穢れ」「災い」でしたからよく相似しています。

ケガレの意味が変わっていく時

「血・産・死」にしろ「罪・穢れ・災い」にしろ、「六道の苦悩」にしろ、**もともとは人間の恐怖であり畏れでした。神道であれ、仏教であれ、人間の根源的な生命現象や、人間の力を超えた大自然の現象に対しては、「慎み」「憚り」「畏敬」「畏れ」「神聖」「敬虔」な態度で向きあったはずです。**

それが日本の歴史では、ある時点から、神道もそうでしたが、ケガレを「嫌悪」「不吉」「凶悪」「不浄」「厄」として忌避し逃避し憎悪する態度に変わってしまうのです。実はここが問題なわけです。

それが広く民衆の世界にまで流布するのは、平安時代とも室町時代ともいわれますが、このような転換に大きな影響をもたらしたものが、後でも触れる「延喜式」でした。しかし、この「延喜式」そのものに強力な思想的影響を与えていったものも実は仏教だったというのが通説のようです。

わが国に入ってきた仏教経典は、先の法華経だけではなく非常に多くありました。そして奈良仏教の法相宗や律宗など、唐からの多くは戒律の厳しいものでした。当時の支配者たちは、聖徳太子以来仏教によって国家を守り治めようとしていましたから鎮護国家思想ともいわれます。中国ではそうはなりませんでしたが、日本では仏教が国家宗教となっていったのです。戒律の多い経典の中に、殺生禁断の思想が強くあって、**国家の安泰と平安を願う支配者たちは、これを無視することができませんでした。そして仏の慈悲からの「殺生禁断」**

だったものが、「天下触穢の布告」とともに、いつの間にか「血・産・死」に対するケガレの忌避観と結びついていくことになってしまうのです。天武天皇の時に始まった「殺生禁断令」（六七五年）は、以後何度も重ねて発令されていきます。奈良の大仏殿建立の年などは、一年にわたって布告され、牛、馬、犬、にわとり、猿の捕獲や肉食を禁じました。その翌年、天皇はひき続き、ケガレの除去を目的として、全国に詔を出し「大祓」を行なわせています。このあたりが国家によるケガレ管理の始まりといえそうです。

しかしケガレが不吉、不浄なものとされていった最も大きな背景は、ヒンドゥー教の影響を受けた仏教のせいではないかと考えられています。中でも、インド仏教としては最も新しいヴァージョンといわれる密教の伝来からではないかと考えられていて、沖浦和光先生も先述の『ケガレ』の中でこう述べておられます。

ケガレ観念は仏教によって日本に運ばれてきました。奈良朝のころから入っていた仏典にも散見されますので、いくつかのルートが考えられますが、空海・最澄が導入した密教が主流となって、中国を通じて日本に伝わったのではないか。そしてこの密教の考え方が、鎮護国家・貴族仏教として朝廷に取り入れられたのではないかと私は考えています。

それなりの研究による先生の結論でしょうが、このあたりの変遷を明確にするのはなかなか困難のようです。九世紀になると、天台、真言、南都仏教の三大勢力も最後には密教の大潮流に合流し、密教一色となっていくようです。この時期の状況について、速水侑氏は『日本仏教史古代』（吉川弘文館、一九八六年）で次のように述べられています。

「律令的秩序が解体する摂関体制形成期になると、従来の鎮護国家的仏教が変質し、私的信仰が発生してくる。それは現世の利益を希求するところに呪術的な密教の加持祈祷の発達となり、来世の救済を模索するところに浄土信仰の形成となる」。

「こうした社会変動は、単に貴族社会にとどまらず、京都を中心とする民衆の間にも変動期の緊張不安を醸成し、さまざまの新しい呪術宗教を形成した」。

そして御霊信仰や京都住民に広がった御霊会のことを詳しく紹介されています。これが一〇世紀になると、

「衰日《すいじつ》（生年月日の干支で定まる忌み慎むべき凶日）や方違《かたたがへ》など、陰陽道のさまざまの個人的禁忌も発達した。陰陽道と密教宿曜道《スクヨウドウ》は混淆し複雑多岐な呪術となって貴族の日常生活を覆った」（一九九頁）。

と述べられています。

三　生活における「浄とけがれ」

以上、仏教と神道を概観してきましたが、これらは人々の心に強い影響を与え、先祖たちの心に深く染みこんでいっただろうと考えられます。いや、心に染み入る程度の軽薄なものではなかったかもしれません。人々の魂の最も奥深いところを揺さぶり、感情や行動を律したとも考えられます。そして社会生活にも、文化的活動にも、様々な影響を及ぼしたことと思われます。

それでは宗教以外ではどうだったのでしょうか。たとえば人々の日常生活や習慣・風習、文化芸能、儀式、遊興等々の中ではどうだったのでしょうか。

ここでは何よりもまず『延喜式』を取り上げなくてはなりません。二十年余をかけて九二七年に完成したもので、古代社会の百科便覧といわれたり、それまでのあらゆる法令の集大成ともいわれたりしているものですから、古代文化の研究には欠かせないもののようです。全巻が今に伝えられています。

死穢の観念流布を決定的にした「延喜式」

『延喜式』(九二七年)は巻第一から巻第五十まであり、すべて漢文です。私には歯が立たないが、概ねのところは分からなくもありません。全体として、神道や仏教でみたような「清浄」について語るよりも、「穢」やそれに対する「忌み」について触れていることが多いわけです。しかし、非常に重要なことは、「延喜式」は、今は存在しない「延喜格」とペアのものであり、それ以前の「弘仁格式」「貞観格式」らを総括的に大成したものであって、これは律令の施行細則でもあるといわれていることです。つまり勅を受けての編集でしたが、以前からの詔勅(天皇が出す文書)や官符(朝廷等役所の文書)を全部集めたもので、今日でいうなら、法令集や官庁の通達文つづりということにもなるから、人々の生活の規範がそのまま写し出されているとみられます。『延喜式』巻第三の「神祇」のあたりを少し詳しくみると、

「凡觸穢悪事應忌者。人死限卅日(自葬日始計)。産七日。六畜死五日。産三日(鶏非忌限)。其喫宍三日。」

「凡弔喪。問病。及到山作所。遭三七日法事者。雖身不穢。而当日不可参入内裏。」

「凡改葬及四月巳上傷胎。並忌卅日。其三月以下傷胎忌七日。」

「凡宮女懐妊者。散齋日之前退出。有月事者。祭日之前。退下宿廬。不得上殿。」

「凡甲處有穢。乙入其處。乙及同處人皆為穢。丙入乙處。只丙一身為穢。同處人不為穢。乙入丙處。人皆為穢。丁入丙處不為穢。其觸死葬之人。雖非神事月。不得参著諸司竝諸衞陣及侍従所等。」

「凡觸失火所者。當神事時忌七日」


穢れに触れることとは、悪しきこと、忌むべきこととし、人が死んだ時は三〇日間、お産の時は七日間、家で飼っている六畜の「馬・牛・犬・羊・猪・鶏」が死んでも五日間、鶏以外の家畜のお産も三日間忌みに服せという。その肉を食ったら三日。人の死を悲しみ弔っているとき、人の病気を心配し見舞ったときなど天皇のいる所には入れない。傷胎とは今日でいう流産をいうのでしょうか。宮人といえども女性が身ごもると、大忌の日は退出という。月ものの時はいおり（廬）に退かなくてはなりませんでした。

また「穢」は感染するものとしています。甲乙丙と三回まで移るとされました。穢れた甲の所に乙がいっしょにいると乙も穢れ、その乙と丙がいっしょにいると丙もまた汚れるとされました。これが前にも触れた「触穢思想《しょくえしそう》」というものでした。

『部落史資料選集』（部落問題研究所）第一巻で、延喜式におけるこのへんの規定を指して「死穢の観念の発達に決定的な役割を果したと考えられる」（八九頁）と述べ、それが，さらに百年もさかのぼる『弘仁式』（八二〇年）にも見えるところから、すでに九世紀初頭には制度的にも確立していたものと説明されています。そして、制度としても、また生活規範としても、明治時代まで続いてきたわけです。

しかし右にみるように、「穢」は死穢だけではなくて、神事の時の火事に出会えばこれまた七日間の忌みであるということです。先にも紹介しましたが、「穢」「けがれ」とは、『古事類苑』の神祇部「触穢」によれば、**「死穢、殺人穢、五体不具穢、改葬穢、発墓穢、産穢、傷胎穢、胞衣穢、妊者穢、月事穢、失火穢、穢火、喫肉穢、食五辛穢……」**などでした。

ケガレを法制化した『延喜式』とインドの『マヌ法典』

今日の法令あるいは通達に当たるものだとすれば、当時であればまさに、「上からの触穢観念」「支配者からの触穢観念」ということができます。しかし、初めは上層部の貴族たちの世界に広がり、次第に民衆の世界へと広がったようです。

先にも見たように、この『延喜式』に思想的影響を与えたものが密教伝来ともいわれますが、おそらく古代神道や道教の伝来や土俗の民俗信仰なども混じり合って『延喜式』に結びついたのではないでしょうか。**いずれにしても、法制によってケガレを管理していこうとするのですから、これは大変な出来事といえます。ケガレの国家管理であるわけです。以後一千年にわたって、日本人がケガレ観念を執拗にひきずってきた最大の原因ではないでしょうか。**

それでは『延喜式』に思想的影響を与えたものが密教だとすれば、その源泉仏教としてのインド密教とはどういうものだったのだろうか。

これが多分にヒンドゥーの影響を受けたものといわれます。ヒンドゥーには、有名な聖典『マヌ法典』がありまして、徹底的な触穢思想に彩られているようです。詳しいことは分かりませんが、『マヌ法典』とは、紀元前後に成立したインドの法典で、バラモンの特権的身分を強調したものといわれ、そこには、どんなに悪い夫でも、妻は夫を神のように尊敬せよと述べたり、この世の万物一切を浄穢の価値基準で上下に配列し、下にあるものは本質的属性として「穢れ」を持っており、それに接触したものは感染するのだと書かれているようです。面白いことに牛は浄や聖のトップに位置づけられているのに、牛の肉は穢れの最下位とされています。もっとも悪質なのは、〈死・産・血・体の分泌物〉が「穢」の源泉であり、伝染するものとされていて、触れたらすぐに清めなければなりません。その清めの儀式はブラーマン（バラモン）しかできないこととされています。インドでは人体から出る「脂肪、精液、血液、ふけ、大小便、鼻汁、耳垢、痰、涙、目やに、汗」はケガレの生きた実体とされていて、他にも移っていくから、それらに関係の深い医者、産婆、洗濯屋、散髪屋さんなどはインドカースト社会では賤業視されてきたのでした。延喜式にみる触穢の思想も、この『マヌ法典』と何らかの関係があったものと考えざるをえません。

ついでに、インドにおけるカースト制度も、現在の憲法ではもちろん否定されているのですが、それを支えてきた人々の共同観念や社会意識は依然として今日も支配的です。本書の巻末にもまとめて紹介しています。

死穢産穢の法制化「服忌令」

近世の江戸時代になると、さらにまた国家的管理の追い討ちともいえる出来事が起こりました。「服忌令」の制定でした。幕府の儒官だった林羅山なども作成していたようですが、最も大きな影響を及ぼしたのは、一六八四年に綱吉政権が出した幕府令でした。それまでのを大改正して、**「血忌」を「穢之事」、「産」を「産穢」に、「死忌」を「死穢」に変更したといわれます。**

幕府令は全国の藩に流され、各藩では村々へと布達されていくのだから、民衆の世界にまで着実に届いていきました。

「服忌令」はべつにここから始まったものではなくて、死や産に対する忌みは仏教でも神道でも早くから当然視されていたのだから、人々の意識の中にも定着していたことは間違いありません。ただ「延喜式」と同じく、法令として再び出るということは、まさに政治的強制力を発揮することですから大変なことになります。武士社会における制度とはいえ、庶民の共同観念としてもますます強く形成されていったに違いありません。今日の「忌引」という公休制度も、「喪中につき云々」の年賀挨拶も、その淵源はこの「服忌令」にあったといえます。

こうした背景のもとでは、ケガレ観念も觸穢思想も、どんどんと一人歩きしていったとて不思議ではありません。江戸時代の後期になって、ようやく疑問を提起する人も現れてはきましたが、次に見るように、多くのオピニオンリーダーたちまでが、逆に忌避観を強化させあおっていたかに見えます。

幕府の儒官だった林羅山は
「貧賤・富貴はみな天命なり」「君臣・上下人間みだるべからず」
同じく儒学者山鹿素行は
「穢多は町中の掃除、公罪の執行、死牛馬の処理を役務とし居住区を遠ざけて衣類紋所に穢多であるしるしをつけさせよ」
同じく儒学者荻生徂徠は
「穢多の類に火をひとつにせぬということは、神国の風俗、是非なし」
江戸期漢方医術家人見必大は
「屠牛の業をなすは四民の席に列せずすなわち穢中の大穢なり」
等々と述べているのを見ても、つくづくとあきれてしまいます。次章の「浄穢観の系譜（年表）」でもふれておきました。

第二節　貴賤観・序列観の囚われとこだわり

前節で、神道や仏教の中で、また一般生活の中で、日本人は「清浄」とか「不浄」についてどう見てきたのかを概観してきました。これだけで、全体をおしはかることは間違いかもしれませんが、しかし、何か私たち日本人の意識や価値観を根深いところで規定していることだけは確かでなことでないでしょうか。

次に問題にしたいのは、貴賤観についてです。浄穢観とも重なって存在してきたと考えられるから、切り離すことはできないのかもしれませんが、日本人がこだわる「貴賤観・序列観」について概観してみたいと思います。

一　しみついている序列意識

私たちは日常生活の中で、人や地域や集団に対して、比較序列的な見方をしたり、ランク付けをいつのまにかしてしまっていたり、結構こだわっていることがあるものです。そして、自分一人が決めているのではなく、世間やみんながそう決めているのだということで淡々としていることが多いものです。誰かが別のどんな合理的理由を持ち込んできても、なかなか変えることはむずかしいものです。いくつか事例をあげてみましょう。

〈どの子が一番良くできるのですか〉

フランスに行かれた日本教育視察団の話しである。向こうの小学校の授業を見学されるまではよかったのだが、その時の一人の質問がまずかった。「この生徒さんの中では、どの子が一番よくできるのですか云々」と向こうの先生に尋ねたという。向こうの先生、意外な質問に、しばらくは黙ってしまったとのこと……。間をおいてから、「絵を書くのは○○くん、走りの速いのは○○さん……ですが、あなたの質問の意味がわかりません」と答えられた。愚問に気がついた視察団の先生は途端に赤面されたとか……。教育誌のかたすみに掲載されていた。

〈神経をとがらす「席順」きめ〉

座席という言葉は、日本の場合、単なる座る場というだけの意味ではない。恐ろしいまでに、必ず何らかの序列意識がそれにくっついて作用しているものである。その典型が「席順」である。式典等における来賓の席順に神経を使うさまは、日本人独特かもしれない。四畳半の部屋でも、「上座」と「下座」が使い分けられる。「上座」とも「下座」とも分からないような部屋空間でも、さして苦労はしない。一瞬にして場の全体構造をにらみ、ちゃんと位置の意味を了解してしまう。そして、どうぞどうぞといって他人を上の座へゆずる。これがわれわれの習慣であり、「マナー」でさえあり、「おくゆかしさ」である。別段不思議にも思わず、当たり前のことである。

〈勲一等から勲八等は日本だけ？〉

国の制度の中にも考えさせられてしまうものがある。勲章制度である。その一つに明治初期にできた叙勲制度がある。昭和二一年に停止されたが、昭和三八年に再度復活して今日に至っている。勲一等から勲八等までの八階級があるのは、外国でも珍しいことだといわれる。菊花章は上下二種類あって、上位が「大勲位菊花章頸飾」、下位が「大勲位菊花大綬章」である。旭日章も勲一から勲八まであり、しかも、勲一等がまた上下二つに分かれ、上を勲一等旭日桐花大綬章といい、下を勲一等旭日大綬章と呼ぶ。瑞宝章、宝冠章も、同じく勲一等から勲八等までの八階級が存在する。そして、文化勲章だけは勲等がなく、単一級なのである。勲章は外国にも多く存在しているが、同一の勲章に八階級の等位があるのは日本ぐらいともいわれるがどうだろうか。ただ、外国人が叙勲を受けられる時、この「勲〇等」に戸惑われるらしい。

以前、英国人に授けられたとき、「〇等」の部分がカットされた。新聞は画期的なことと論評していたが、その後続いている風ではない。ようやく小泉内閣で少し改正されるようだが……。

〈何と多い人称代名詞〉

次に、言葉を取り上げてみよう。人称代名詞の「あなた」を考えてみたい。第二人称だから日本語にはたくさんある。「君」「汝」「おまえ」「貴様」「貴殿」「てまえ」……。時代劇などになると「おぬし」などという。おたく族ならぬ「おたくさん」なども普通によく使っている。実に多くて語彙は豊かである。ところが、これを英語にいい換えたらどうなるのだろうか。ユー(you)しか思い浮かばないのである。アメリカ大統領に対してだって、英国の首相に対してだって、you 以外に何があるというのだろうか。ないのである。ただ語尾に Sir をつけて、Thank you sir とか Ok sir のいい方はあるらしい。

中学生時代のこと、英作文の勉強で、相手が大統領の時でも you を用いてよいのか、失礼にならないかなどと思ったことがあるが、まさに日本語の感化影響なのだろうか。

それではどうして、日本語の代名詞には語彙が多いのだろうか。言語が創られ、言葉が定着する背景には、人々の価値意識、感情、意思、社会の規範意識、社会の仕組み・制度など、様々な要因が存在するに違いない。その一つに次のような理由背景も考えられるのではなかろうか。つまり、身分差別が当たり前の時代では、呼び掛ける相手が、自分よりも上位の人か、下位の人か、同等か、ちょっと上か、ちょっと下か、あるいは、そのような上下に関係のない時か、などによって、呼び方をいろいろと使い分ける必要があっただろう。それほどに、人々に序列意識のこだわりが強かったのだと解しては言いすぎだろうか。言葉だけではない。文字においても、たとえば幕藩時代では、己より身分の高い相手に出す書簡文は楷書で「様」「殿」と書かなければならないし、己より身分の低い相手に出す書簡は、行書体でもよかったというから、言語そのものも、上下の身分によって、使い分けられたということである。語彙の豊富さはこんな所にも背景理由がありそうである。

かかげだしたらきりがないくらいである。

二　古代人のタテ志向と「カミの相対化」

序列や上下へのこだわりは、どこから醸成され形成されてきたのでしょうか。ここでは、「カミ」の相対化ということを考えてみたいと思います。もともと古代における「カミ」は、先にも見て来たように、ヨーロッパのような唯一絶対神ではなかったから、どこにでも存在するし、人間が死ねば、誰でもが「カミ」にもなれると考えられていたことは先にも述べました。絶対神でないということは、相対化していくことも不思議ではないということになります。

相対化とは次に示すように

「カミ」
- 川上（川の上）
- 髪（頭の上にある毛）
- 一の上（昔の大臣）
- ○○国の守（○○国の長官）
- おかみさん（女中の頭としての主婦、女将）
- お上（政府）
- 氏神（氏族の先祖、氏族のみなもと）

カミと読む漢字を並べるなら、上、髪、神、一、頭、守、正、督、首、長等々非常に多いのはなぜでしょうか。これは何を物語るのでしょうか。ここに並べた漢字は、どれもみな共通して、一番高いもの、一番上に存在するものを意味しています。だから、これをカミの相対化現象といいたいのです。自然界の全てに存在する超自然の霊的なものが、いつの間にか、現実の人間世界にまで投影して、頂点にあるいろんなものを「カミ」と命名する。もともと、ＧＯＤとか、唯一絶対の「カミ」だけだったら、相対化することなどできるわけがありません。

ヒトが死ねば「カミ」になり、「ホトケ」にもなるというのは、我々にとっては至極当たり前のことですが、ヨーロッパの人々には大変な驚きであるようです。カミといっても、東西ではまったく違うものであります。

タテ社会という言葉がありますが、タテ社会というのは、まさにこうしたカミの相対化のことでもあるといいえないでしょうか。まわりの場や物が「カミ」にされれば、必ずその対極に「シタ」や「シモ」が生まれるのは当然のことです。そして序列や上下へのこだわりも起こってくるのは必然ではないでしょうか。

だから、古代から明治期に至るまで、天皇が容易に「カミ」にされることもできたのだと考えられます。

三　身分間より身分内序列

温故知新の日本

仏教や儒教の伝来とともに、今一つ、中国からの律令制度導入も大きな出来事でした。二〇世二九四年にわたる唐の時代は、世界に冠たる隆盛を誇りましたが、周辺国には大きな影響を与えました。わが国も遣唐使を一八回にわたって派遣し、あらゆる文化を摂取しましたが、中でも法の体系や政治制度は、すすんで採り入れ、日本に生かしていきました。

唐にならって、いくつかの律令(律は刑法、令は行政法)を作っていくのですが、日本のオリジナルな最初のものが「大宝律令」(七〇一年)であったわけです。中央集権国家を志向した基本の法典でした。

ところがこれが、その後千二百年間、明治の中頃まで影響を続けていくことになるのです。「二官八省の管制」とありますが、その中の用語は現在もたくさん用いられています。太政官や大蔵省、国・群、長官・次官なども「大宝律令」のことばです。「憲法」の語も、聖徳太子の「一七条の憲法」のそれでありますが、当時は「いつくしきのり」と発音したようです。まことに古代は今もよく生きています。

摂取した唐の文化でさえ、その後の日本にはよく残っていて、うっかりすると母国の中国よりも日本の方が多く残っているのではともいわれたりしています。それは、古いものを廃することなく、新しいものも取り入れていくという歴史性、国民性によるものだと説明する人もあります。ちょうど用明天皇が、最初の仏教導入にあたって、**「仏法を信じ、神道を尊ぶ」**という方針をとられたことによく象徴されています。古くからの神道を棄てずに、新しい仏教を受け入れていくなどということは、他の宗教圏国家では考えられないことです。古代ヨーロッパで、ゲルマン人たちがキリスト教に改宗する時、彼らは過去の信仰をすべて棄ててきっています。過去の文化をなかなか廃棄しないという点では、現行の憲法だって同じことがいえるかもしれません。半世紀経っても、とやかくいいながらも結局は一字一句も変えていないのだから。

過去をひきずりながらアレンジしていくのが得意なのでしょうか。しかもそれは形だけではないと考えます。私たちの「ものの見方・考え方」にも、「古いものを廃することなく、新しいものも取り入れる」というものが、無意識的行動の中にたくさんあるように思えてなりません。

さて、律令制度は全人民を良民と賤民に分け、文字どおりの身分制度を築くことでした。賤民は「五色の賤民」とも「五賤」ともいわれ、官有である「陵戸」「官戸」「公奴婢」と、私有である「家人」「私奴婢」が定められました。「陵戸」「官戸」「公奴婢」「家人」「私奴婢」の順序は賤の序列でもありました。そして、良と賤の間の通婚は許されなかったし、職業もだんだんと世襲化されていきました。おのずと身分に対応して職業が決まるようにもなりました。

まさに差別の構造の原形を律令社会に見ることができます。沖浦先生は「……律令制の当初から定められた、良民(＝公民)と区別された賤民という形での身分差別の原構造を日本史の中でとことん追いつめていかねばならない。どうしても[貴種―良民―賤民]という三層の身分制度を持った古代律令体制にまでさかのぼって究める必要がある」と述べられています。

貴種志向と種姓思想

中世になると、班田収授の法が少しずつ崩れだし、私有地の荘園が拡大していくのと機を一にして、支配体制を強化するために、天皇や支配者たちの家筋が尊重されていきます。貴は生まれによって貴であり、賤も生まれによって賤であるという見方です。領地が減っても権威は変わらぬものとする策の一つに違いありません。インドでも種姓思想といわれてカーストを維持してきました。天皇、寺社、権門勢家は貴の領域に固定されていきます。

武士社会になってからも、武士には常に「貴」に対するコンプレックスがあったともいわれます。貴への志向・憧憬は強かったようで、後の武将たちや、大名たちが、源氏性を名乗ったり、藤原姓を名乗るのも、まさに貴種志向の表れといえます。蓮如上人は、終生三つの秘密を心に秘めながら、他に明かされなかったといわれていますが、それは「生母のこと」「安芸蓮宗のこと」「堅田源平衛の生首のこと」の三つでした。その最大の理由も、ここでいう貴種志向や種姓思想が、当時の一五世紀に次第に広がり、もはや本願寺も本願寺の住持も、賤とは完全に断ち切り、貴種の仲間入りをせざるをえなかった社会的背景によるものだといわれますが、私もそうだと思います。一方の賤民も、「生まれにより」賤民だとする風潮が醸成されていき、社会的な賤視観がつのっていきました。

身分間より身分内序列

序列の構造と序列意識の最も強かったのは、いうまでもなく身分制度の確立した江戸期に違いありませんが、それは身分間ばかりではなく、同一身分内でこそ強くいえることでした。つまり、武士の中での序列社会、農民の中での序列、町人や職人の中での序列構造が徹底していたのでした。

近年の研究から、「士農工商」は、職業を示すものであって、そのまま身分の序列を表すものでないことが強調されてきました。また、この四者に含まれないものとして、天皇、公家、神官、僧侶、えたひにん、その他茶筅、鉢たたき、藤内等々の賤視されていた人々、さらに山の民、海の民、旅芸人などがいることも明らかにされてきました。とはいっても、武士たちは、平民とされる農工商の人たちを見下し差別していたし、農工商の人たちは、えたひにん、その他茶筅、鉢たたき、藤内等々、さらには山の民、海の民、旅芸人などを見下し卑賤視していたわけだから、差別的な全体構造であったということができます。

ところが、それだけではなく、実は同じ身分の中でこそ序列の構造がきつかったことに注目しなければなりません。このことは前にも紹介した斎藤洋一先生の『身分差別社会の真実』(講談社、一九九五年)で、具体的に詳しく述べられています。とくに武士などは、領地高と朝廷から授かる官位とによって、厳正に家格が定まり、領地や官位に一寸の変動があっても、扱われ方が変わってしまうわけです。江戸に登城し、控えの間に座るときの畳の位置まで変わったといわれます。

こうした武士社会の風潮は、着実に平人の社会にも流れることは間違いなく、農民の世界でも、町人の世界でも自ずとランク付けがおこり、上に上を作り下に下を作ったのでした。

第三節　同調志向・同化志向の囚われとこだわり

社会意識や共同観念としての「囚われやこだわり」について、一つはけがれに対する忌み・忌避を、二つめには序列や上・下へのこだわりなどをみてきました。今一つは、日本人の「同化志向」というか、「同調志向」というか、その他「同質志向」、「世間体」、「集団主義」、「身内意識」など様々に呼ばれることもありますが、「日本人的規範」ともいいたくなる三つめのパラダイムについて考えてみたいと思います。

一　日本的集団の意味

仏教も神道もそうでしたが、人間が死んだ後は、神や仏になるものと日本人は信じてきました。しかも、死んだ後も、故人は必ずもとの集団(地域、家など)の所へ定期的に帰ってくるという信仰が遠い縄文の時代からありました。私たちの「あの世」観でもあります。うら盆会の灯火はもとより、正月の門松も、亡き先祖がこの世に戻ってくる道しるべであったわけです。

集団を否定できないわけ

これはキリスト教圏とは全く違うところであって、実はここが日本における集団の在り方を決定づける根本でもあるといわれます。つまり、一つの集団にとっては、その集団を存続させることが絶対的な条件であり、集団（家、村、国家……）そのものを否定するような価値や権威は排斥されていくのです。その集団を維持すること、その集団を肯定すること、我と汝の関係をいつも平穏に維持することが何よりの原則となるのです。なぜならば、ご先祖様が戻ってくるところを否定したり、つぶしたり、無くしてしまうことは絶対にできないことであると信じられていたからです。すると、どうしても、人間関係がきわめて大切なこととなってきます。他人との協調を心がけなくてはなりません。「みんな」に背かないで合わす努力をしていかなくてはなりません。集団や場をいつも安泰にしておかなくては先祖が戻れません。

「合わす」原理と寄り合い文化

日本的集団の意味を歴史や文化の中に鋭く追求されてきた人はたくさんおられます。あの詩人の大岡信さんは『うたげと孤心』（岩波書店、一九九〇年）の中で、「私は、日本の詩歌あるいはひろく文芸全般、さらには諸芸道にいたるまで、何らかのいちじるしい盛り上がりをみせている時代や作品に眼をこらしてみると、そこには必ずある種の『合わす』原理が強く働いていると思われることに興味をそそられている」と述べられ、連歌、俳諧の連句、絵合せ、草花合せ、貝合せ、結社、師匠の添削、歌合わせ、同人雑誌等等を上げておられます。茶道でも「寄合い文化」であるし、「一座建立」を旨とすることはよく知られたことです。

友達付き合いは深入りした方がよい

一昔のことになりますが、我が国の政府は、昭和四七年以降毎年、世界一一カ国の青年を対象に意識調査を行っていました。その結果は、青年白書として発表されました。青少年教育行政に関わっていた頃でしたので、目を通していましたら、ある一つの項目に強烈な印象を受けました。全貌を詳しくは紹介できませんが、簡単に紹介します。

「友達付き合いは深入りしない方がよいか」という交友に関する質問でした。これに対する日本青年の答えが最も際立っていて、諸外国の青年たちとは大きく異なっていたのです。異なるどころか、まったく反対の結果でした。つまり欧米諸国の青年達は〈ＹＥＳ〉と答えるものが多かったのに、日本の青年は〈ＮＯ〉と答えるものが七割もいたのです。否定が肯定を上回っていたのは一一カ国中日本だけだったのです。否定とは即ち友達とは深い付き合いをしたいとするものです。この際立った違いはどこから来るのだろうかと不思議でした。

松原治郎先生は『日本青年の意識構造』（弘文堂、一九七四年）で詳しく分析されましたが、結局のところ、集団や仲間に対する見方・考え方の相違にほかなりません。つまり友達とは、私の集団であり、その中でも、とくに近接的な関係にある間柄である。その付き合いは深くありたいとするのか、深い付き合いは必要ないこととするのか、どちらを望むのかといわれれば、深く付き合うことこそ本望であり当たり前じゃないかと考えてしまうのではないでしょうか。実は、現在の学生さんたちに同じ質問を行ってみてもほぼ同じ結果になるので驚いています。

二　集団における「みんないっしょ」志向

深い付き合いをよしとする集団とは、自分の皮膚感覚や実感が及ぶ範囲の集団ということであり、近接の関係世界といえます。だから友達に限らず、仲間、サークル、家族・親族、ムラにまで広がることもありえます。その場合に、当然、境界が意識されてきます。集団の「内側」と「外側」という意識です。時には、それがきわめて曖昧な境界である場合もありますが、それなりの「内側」と「外側」が意識されています。そして、一般的にはその内側と外側とでは行動の仕方を変えるということがよく見られます。つまり内側では熱い関係が作られ、「なれあい」「義理・人情」「思いやり・察し」「甘え・合わせ」などで人々は強く結合されます。しかし、外側に対してはどうかすると冷淡で無関心な態度をとりやすいものです。

そして「なれあい」「義理・人情」「思いやり・察し」「甘え・合わせ」などで深い関係を作る内側では、「みんないっしょでいたい」「みんな同じでいたい」「みんないっしょでありたい」「みんな同じでありたい」とする願望や志向が、いつとはなしに無意識の中で働いていることが多いのではないでしょうか。無意識の中で、それが当たり前のことだとしているわけです。それどころか、みんな同じであることが「平等」なんだとさえ思い込んでいることも決して少なくはありません。

具体的な生活の場面で見ていきます。

〈隣の健ちゃん見てごらん〉

「みんなと同じに」というのは、意外と家庭のしつけや学校教育の中でもよく見受けられます。個性の伸張をといっていても、やっていることはけっこう矛盾している場合もあります。子どもに何かをねだられたり、しつこく要求されたり、親の思惑どおりにいかないと、親は思わず「隣の健ちゃん見てごらん……」となります。隣の健ちゃんを持ち出さなくてもいいはずです。時には、お姉ちゃんが引き合いに出されたり、従兄弟が引き合いに出されたりしていきます。

「あなたが考えてごらん」「あなたはどう思うの」とはならないわけです。

学校の教室でも、先生に当てられた生徒がなかなか自分の意見をいわず、「僕も○○君と同じです」「同じです」と前の発言者に同調し、先生が何人当ててもみんなは「同じです」のオウム返しになる光景はよくあるものです。服装、持ち物、言葉づかい、髪型にいたるまで、意外にみんなと合わせているのも今の中学生、高校生たちです。少し変わったことをしてみようとするのは、若い人でもよほど勇気のいることかもしれません。

教師や大人たちがおそらく無意識にそういう行動を取っているからではないかと思えることもあります。

〈和の精神とは何か〉

日本人は「和」という言葉を好みます。聖徳太子の一七条憲法「以和為貴」の影響でもあるのでしょうか。

日本人は合唱よりも斉唱が好きだともいわれます。違った旋律のハーモニーより、みんなが同じ旋律で歌う方が得意なのでしょうか。「和」を重視しようとするところには、どこかに「みんないっしょ」「みんな同じ」という願望や意思が働いているような気もします。ところで、古い中国のことばに「君子和して同じず、小人同じて和せず」というのがありますが、中国人はまさに「和」と「同」をきちんと使い分けていたらしく、感服してしまいます。聖徳太子も意識して用いられていたのだろうか。

ちなみに日本の戦事中、全体主義が強化されていくことに反対して、個人の独立や国民主権を促そうとする民主主義の動きがあった時、それを封じるために、政府は『国体の本義』なるものを発表し、「和の精神」について次のように説きました（昭和一二年）。

個人主義においては、この矛盾対立を調整緩和するための協同・妥協・犠牲等はあり得ても、結局真の和は存しない。……我が国の思想・学問が西洋諸国のそれと根本的に異なる所以は、実にここに存する。我が国の和は、理性から出発し、互いに独立した平等な個人の機械的な協調ではなく、全体の中に和を以て存在し、この分に応ずる行を通じてよく一体を保つところの大和である。……即ち家は、親子関係の縦の和と、夫婦兄弟による横の和と相合わしたる、渾然たる一如一体の和の栄えるところである。さらに進んで、この和は、いかなる集団生活の間にも実現せられねばならない。……身分の高いもの、低いもの、富んだもの、貧しいもの、朝野・公私その他農工商等、相互に自己に執着して対立をこととせず、一に和を以て本とすべきである。

このような和でいくと、支配は保護に、服従は依存にすりかわってしまい、貴と賤も、浄と穢も、奴隷社会も穏やかになってしまいそうです。

〈サンキューとありがとう〉

集団を最小限に縮小してみたら、「我と汝」の関係になります。

まず英語でいう thank you は、日本語で「ありがとう」です。日本語では「わたし」も「あなた」も略してしまっていいません。朝の挨拶も「おはようございます」といえば十分です。

ところがこれが米国へ行くと、good morning でよいようなものなのに、駄目だといわれます。米国で学ぶ日本の子どもたちは、事前にどう指導されるかと申しますと、good morning Mr... と、後に名前をつけなくてはいけないと教えられるのです。初めは戸惑うようです。この違いはどう理解すればいいのでしょうか。

また、日本語の場合に一人称か二人称なのか、どちらとも区別のつかないこともあります。「てまえ」「われ」「おのれ」は一人称のはずなのに、これが二人称に使われたり、時代劇などで「こんな男でごわすけど、ひとつ使うてやっておくんなせえ……」と自分のことを三人称にして語ることもあります。このへんに日本人の感覚や、思想、価値観などの特性を垣間見ることができるのではないでしょうか。

金子大栄先生は、仏教的な解釈からこう述べられています。「わたしもあなたも略してしもうて、ありがとうという。これでよさが出てくるのであります。ありがとうという空気の中に、そこにわたしとあなたというものがおかれてある。わたしとかあなたとかいうことをいわないところに意味がある。そういう背景を与えるものこそ虚なる宗教の世界でなくてはならない。云々」と。茶の湯の心を表す言葉にも「主客一如」がある。主と客は隙間無く一体になって、完全に相手の身になってしまわないと、本当に良くご接待をいただいたという気持ちで客に帰っていただけないといわれる。

要するに「自他同一」「一身同体」であり、「合わせ」の真骨頂ともいうべきところなのでしょうか。

〈フランスの教育改革〉

フランスの小学校では、今まで落第が多くて、その解決は国家的教育改革の重要課題にさえあげられてきました。五年生を終える段階で、三〇%以上が落第ということさえあったようです。なぜなのか、理由はいろいろあるようですが、日本ではちょっと考えられないことです。

公平観の違いだと伺ったことがあるが、それはこういうことである。A君の成績が学年末に保護者に示されるのは日本も同じことです。しかしその時、もう一度繰り返すか進級するかが協議され、保護者が納得されたら、小学校でも留年つまり落第となるわけです。繰り返すということは、A君の力に応じた、その子にふさわしい教育的配慮と手立てだと理解するのです。つまりA君にとっては、それが公平なのであって、クリアできないままに進級することの方が不親切だと考えられているのです。

私たちにはまったくの驚きでしかありませんが、やはり、みんな同じようにすることが公平だと考えているわれわれの見方がここで鮮明になってきたように思えます。

〈自分を主張して詠んだ歌はない〉

雑誌に短歌を学んでいる人が投稿されていました。

「先日、平安のころから和歌ひとすじの冷泉家の当代である冷泉貴美子さんの話をきく機会を得ました。

その中で、『平安の和歌には、自分を主張して詠んだ歌はありません。すべて私とあなたは同じ世界といった立場で詠んだものです。それによって感動の心を共通に持つことができるのです。』と話されました」と。

〈われわれのムラは……〉

元福田総理が、党の総裁を大平さんに譲った時のことだから随分と前のことになります。そのニュースを報じる朝刊の新聞に、福田さんのコメントが載っていました。それを見た私はびっくりしてしまいました。そのいい出しは、「われわれのムラは……え」とありましたので、一瞬総理の郷里の話かと思いきや、新聞は丁寧にも注釈を入れていて、（ムラ＝福田派）とあり、あっと驚きました。初めて、政界では派閥のことをムラと呼んでいることを知ったのでした。

〈オーストラリアの商社マン〉

オーストラリアの商社マンKさんの手記です。「私は日本との取引でやっと業績を上げられるようになりました。それには十年の永い苦労がありました。日本人の性格を知ることができてからは、仕事もうまくやれています。一〇年間私はシドニーから、機会を作っては日本に飛び、多くの日本人を新宿に誘い、接待し、人間関係を作りました。人間関係が大切だと気付きました。いい関係さえできれば後はしめたものです。云々」。

三　集団規範としての義理・人情・思いやり・察し

「みんないっしょ」という日本的集団の特性を見てきましたが、その規範というのは「義理」とか「人情」とか「思いやり」「察し」などといえないでしょうか。次のような言葉が親しみを持って使われていることを考えてみると、厳密な論証の仕方ではないにしても、ある程度納得できるものがあります。

すみません　気づかい
以心伝心　気配り
恥じ　よく気がつく
めいわくをかけない　根回し
ほめられる　しかられる　うしろ指をさされる
笑われる　ムラ
縁もゆかりもない　おたがいさま
合意

これらを見ると、どうも人間関係に主軸が置かれているようです。幼少の頃から、「そんなことしたら、○○さんに叱られるよ」「人様に迷惑だけはかけない子に」「笑われるぞ」「後ろ指をさされるようなことだけはするなよ」「お兄ちゃんをみならえ」……といった具合にしつけられてきました。人間関係の中で意識を形成し、パーソナリティーを形成しているといっても過言ではありません。個人主義を標榜する人なら、「笑われるから」とか「叱られるから」でなく、物事の本質的意味を説いて聴かせるとか、自分のやり方でやってごらんと励ますことになるのでしょうか。また、「あの人はよく気がつくね」とか、気づかい、気くばりのよくできる人は、一般的に高く評価されます。価値基準が、どうしても、人間関係に置かれていることが分かります。

「合意」という言葉も、不思議なほど日本人には好かれます。多数決で決めたり、かんかんがくがくの議論はやりますが、大切なことは、全員が合意することです。そのために、「根回し」ということを、どこの世界でもよく行います。村の町内会でも、自治体でも、国政のレベルでも、団体の中でも根回し合戦です。原則をふりかざすよりも、どこかで義理や人情を交わしながら、人間関係の中で、共感と合意を取りつけていく光景は決して珍しいことではありません。

人間関係を基本にすえるということは、人間的な共感を大切にすることといえます。理性とか理念とかの抽象的理論でなく、人間の感性・感情を大切にすることにほかならず、私たちの先祖が、生き方として身につけてきたものであります。私たちの先祖は、展望とか理論とか理念とかで生きるというよりも、己の皮膚感覚とか、己の実感で確かめながら、したたかに生きてきたということでしょうか。

だから、日本人は、人の顔色やしぐさや雰囲気だけで、その人の心中を察知することが得意です。たとえば、「今日のあの子は少し変だぞ」と、顔色や表情だけで、学校の先生方は、子どもの不安や動揺を察します。

「あの人の歩く後ろ姿はなんとも寂しいそうだ」と他人の心中を察したりもできます。会田雄次先生は『日本人の意識構造』(講談社、一九七二年)で、「パントマイムの世界を支えるもの」という愉しい文章を書いておられますが、日本の家庭では、思いやりと察しをいわず語らず働かせているので、言葉がなくとも生理的に相手の気持ちを察し合っている。黙っていても、お互いが通じ合っているというのである。欧米人には真似のできないことかもしれません。

体全体で実感し合い、察し合うのだから、人の相互理解に余計な言葉は邪魔にさえなるのかもしれません。わずかな言葉をつづるだけで、相手も心を読み取ってくれたり、こまやかな心情まで汲み取ってくれるのですから、創造力というほかありませんが、だから世界一の短詩型ともいわれる俳句を生んだのかもわかりません。わずか一七文字の俳句も、日本ならではのことで、英語では一七文字で詩をつくることは難しいことだとドナルド・キーンさんはいっておられます。ことばは、知的な理解や、論理的な伝達の手段というよりも、日本人にとっては、言霊(ことだま)であることが第一なのかもしれません。「言霊の幸ふ国」とは日本のことですから。

こうした思いやり・察し・義理・人情というのは、確かに日本人独特のものと考えられます。もともと義理・人情などは封建時代の遺物のようにも見えますが、また近代社会の発展には無用かつ障害のようにも取られるかもしれませんが、そうかといって、ヨーロッパの封建時代に存在したかというと関係はなかったようです。つまり日本民族の土壌とともに育まれてきたものであり、私たちに共通しているものでもあります。

第二章　浄穢観の背景(年表)

浄穢観・貴賤観の背景

貴 ←→ 良 ←→ 賤　中国文化

聖 ←→ 俗 ←→ 穢　インド文化

神聖・高貴・清浄・オモテ・制度化された文化・公の文化	←→	土俗・卑賤・不浄・反日常的・反秩序的・陰の領域・ウラ

古代

カミ(清浄)
山・海・川・水・池・風・田・樹……に対すると
してのカミ崇拝
(精霊崇拝、呪術信仰、先祖崇拝)
自然を清浄な聖域とみて汚さない

＊三不浄(ケガレ)　死穢・血穢・産穢
＊ケガレはみそぎ、儀礼(呪術・祈祷・民間信仰・タブー)で取り除く
＊マイ、オドリ、クルイ、カタリ、トナエル
＊祝祭(ハレ)と葬礼(ケガレ)の非日常には呪術が不可欠(死者の蘇生)
＊「祝ぐ」という行為は一つの霊能力

五五二　仏教入る　　　日本書紀「天皇は仏法を信じ　神道を尊ぶ」
　　　　仏教は国家宗教となる
　　　　*仏法によって国家を鎮護

*仏教が新たに浄穢観を持ち込む　　*法華経「女は五障三従の身」とある
*清浄なカミを中心とした浄穢観のところへ殺生戒を中心とした仏教の戒律思想入る
*殺生禁断や放生会

六三〇　律令制度入る（遣唐使により唐律令を学ぶ）
　　　　*中国の良賤制の思想を受けつぐ
　　　　*国家権力で貴良賤を決める
六四五　大化の改新
六七〇　庚午年籍（全国的に戸籍を造る―身分定着）
六八一　天武帝　諸国の国造（クニノミヤツコ）に命じて天下に大祓い
六七六　天下触穢の布告
六九一　良・賤身分を区別する基準を定める。奴婢の制を定める
七〇一　大宝律令できる
七一八　養老律令できる

←　*カミの清浄観が天皇崇拝と結びつく

←　*殺生禁断の詔勅（肉食禁断令もたびたび出される）

*賤民は身分体系内の身分（インドとは違う）
*律令国家は死穢を忌み嫌う
*死穢観念は畿内から諸国に拡散。癩者、不具、
　乞食への卑賤観は古代律令制下ではなかった
*屠殺・皮革の仕事は特別不浄視されず

官位の制ととのう

中務省陰陽寮の役人としての陰陽師

七五二　大仏開眼供養　その後一か年は漁業を含めた殺生禁断令が出る

七五九　万葉集　乞食人の歌二首

八〇四　空海・最澄入唐　密教伝来

最澄——戒律の厳しい梵網経により大乗戒を唱える

化外の民
＊国栖、隼人《はやと》、熊襲《くまそ》、土蜘蛛《つちぐも》、多禰《たね》、蝦夷《えぞ》
＊山人、海人、ほかいびと（呪言・寿言）
ハレの日には——客人（畏敬）
ケの日には——乞食人（畏怖、排除）

→

＊山岳修行の行基（六六八～七四九）は律令体制や僧尼令に違反したとされて朝廷に弾圧される（但し後に大僧正）　阿弥陀聖、念仏聖、高野聖と呼ばれた民間僧も寺院の権門に守られた官許の僧ではなく軽視された
＊国家宗教が成立して呪術師は穢れ領域に追いやられていく　啓示・予言・幻術などで不平不満を持った民衆を煽動することを権力者は警戒した
＊修験道も呪術的宗教として公認されず（役小角も弾圧される）

→

（律令体制崩壊期）

九二七　延喜式——触穢の観念広まる
（潔斎・忌服・穢忌・禁忌）
ケガレ意識が貴族を中心に社会全体に広がる

朝廷「天下触穢」の布告（陰陽師の仕事）

本地垂迹（本地仏を各社におく）

九八五　源信『往生要集』
＊仏教を大衆イデオロギー化した
＊殺生は地獄落ちと説く
＊厭離穢土・欣求浄土
＊神道のケガレ・忌みと合体していく

＊散所・宿、河原者、山人、川海の人、商工の民らは賤視されていく
（三界に家なしのワタリ層―流浪の民が不浄視され賤の方に入るのは呪術の系譜をひくものと見られたから。呪術はハレの日と葬礼には活躍し、芸能発生の原点でもある）
＊門を訪れて物を乞う人には必ず喜捨をすべきという仏教的思想が定着していく
非人身分成立期
＊女人禁制（山・海）―比叡山、高野山

一〇五二　末法の第一年　末法思想は仏教界のみならず一般思想界にも深刻な影響を与えた
一一六九　「梁塵秘抄」（御白河院）　遊女、くぐつめ、巫女らが世俗の歌を収録
一一七五

法然――称名念仏、　――血と産のケガレ（密教）を衝く
親鸞――賤民の間で布教　「――屠沽の下類はわれらなり」（唯信鈔文意）
同朋同行（アミダの前では全て平等）
鎌倉仏教は権門勢家に独占されていた仏の道を皆に解き放った

一一九二　頼朝征夷大将軍　挙兵に際して御白河天皇の皇子の令旨を掲げる

一二〇五　興福寺奏状　専修念仏禁止の宣下

死罪四人、法然は土佐、親鸞は越後に

＊中世代表の猿楽能
観阿弥・世阿弥・宮増、元雅、禅竹
(古代賤民の系譜で「乞食の所行」と卑賤視された。一千曲以上ある謡曲のうち謡曲のうちよくうたわれる二三〇余はすべてこの人たちの詞章であることが明治になって吉田東吾により分った)
＊雑芸能(各地を流浪)
念仏聖系、修験道系、陰陽師声聞師系、琵琶法師放下僧系、巫女比丘尼系

＊ケガレを除くための仕事をするキヨメと皮剥ぎが最も卑賤視されていく
(清目、河原者、犬神人)
＊畿内の主要神社は産穢、死穢、触穢、五体不具穢、鹿食、六畜産、六畜死等について忌日をもうけている

一四一五〜一五九九
蓮如―「王法ヲモテオモテトシ内心ニハ他力ノ信心ヲ」「王法為本」

一向一揆

血盆経信仰広がり女性のケガレ観念がいっそう強くなる

一四六七～一四七七　応仁の乱

一五八〇　天皇の命により一向一揆勅命講和（石山本願寺一〇万の一揆勢）

信長―高野聖一三八三人を、海賊衆二万人を成敗する（ワタリ層の反権力性を弾圧）

秀吉―民間陰陽師、唱聞師たちを徹底弾圧する（荒れ地開墾を行わせる）

天皇の詔で官位

一五九二　文禄の役

一五九七　慶長の役

一六一七　家康―御水尾天皇の勅諡で東照大権現の神号を受く

＊律令以来　位階勲等はすべて天皇の権限で、幕府の役職人には皆についてまわる（幕末の直弼も一〇〇〇両で官位正四位を取得）

> 身分制度と役負担が固まっていく
> （年貢の代りに役負担――清目と警護役）
> 水番、山番、街道守、警備役、斃牛馬処理
> 皮細工、処刑場の後始末、神社・仏閣、城の清掃等

一六八四　綱吉将軍「服忌令」――死穢・触穢の観念に対する公権力の追打ち公認を意味する

一六八七　綱吉将軍「生類憐れみの令」

「捨牛馬禁令」―幕藩は解体処理の権能を取り上げる

> ＊キヨメの一環としての中世以来の皮革業は職能としての「かわた」になっていく

一七一六　吉宗将軍・大岡忠相

享保の改革

＊中央集権強化

＊賤民対策に幕府が着手(それまでは各藩の裁量)
インドのカースト制に酷似した差別・隔離政策、不浄観のあおりたて、服装指示、荒廃地への居住強要
「穢多・非人」を賤民層の総称とする
かわた、かわらもの、行脚、さいく、勘進、青癩宮番、茶筌、猿曳、藤内、坂の者、えた、慶賀、死苦、等々と呼称は多種多様だった

一七三二　享保の飢饉
初春のほかい人(祝言人乞食人)全国各地で活躍
(肉食禁断令が古代から何度も何度も繰り返された)
一七七八
えたひにん等取り締まり令(幕府令)
幕府や諸藩はえた身分が平人と交際することを禁止する。また支配者の都合で居住地を移転させた

＊えた身分は、「異人種」「異民族」也という見方が広がる
＊差別戒名(法名)が仏教諸宗派に及ぶ
＊被差別民が百姓一揆の鎮圧、牢の番、処刑等に従事させられる

一七八三　天明の飢饉

中世以来の触穢思想に対するこの頃の識者たちは……

＊林　羅山（一五八三〜一六五七）
（幕府儒官　四将軍の侍講）

← 「貧賤・富貴はみな天命なり」
「君臣・上下人間みだるべからず」

一八三六　天保の飢饉

＊山鹿素行（一六二二〜一六八五）
（儒学者　林の弟子）

「町中に相交じわり居るべからず」
「衣類紋所に穢多しるしを付させよ」

＊荻生徂徠（一六六六〜一七二八）
（儒学者　江戸中期）

「穢多の類に火をひとつにせぬということは神国の風俗、是非なし」

＊悔保青陵（一七五五〜一八一七）
（儒学者　江戸後期）

「良民穢多と火を同じうせぬこと我邦の古法なり」
「カナで名前をつけさせよ」「入れ墨させよ」

＊杉田玄白（一七三三〜一八一七）
（蘭学者）

「蘭学事始」の屠夫の話し

＊人見必大（江戸前期）

「屠牛の業をなすは四民の席に列せずすなわち穢中の大穢」

＊中井履軒（一七三二〜一八一七）
（儒学者　江戸後期）

「屠は賤業なり。良民の婚姻を通ぜぬはさもあるべし。されどこれを人の外なるもののようにして火をとりかわさぬはあまりなるわざなり。近き世神官斎のおろかごとよりはじまりしなり。云々」

＊岡本保孝（一七九七～一八七八）
（国学者）

江戸期随一のケガレ批判者で獣肉を食えば穢れなりとする伝統思想を徹底的に叩く。

寺院……本願寺系寺院約二万のうち一〇％に当たる二千が部落寺院
（西派一六〇〇　東派三〇〇）

＊一八四二　武州鼻緒騒動（埼玉県）

＊一八五五　渋染一揆（岡山県）

一八七一（明治四）　賤民制廃止令（解放令）　↓　その後解放令反対一揆起こる

＊穢多・非人制を社会的に規制していた「旦那場制」と賤民層に課せられていた「役負担」がなくなった。差別が当たり前という時代からの脱皮でもある

＊解放令反対一揆も起こる

＊近世の賤民差別の終わりであるとともに　新たな資本主義社会での ← 差別の始まり

牛馬解体等の処置勝手布告（斃牛馬処分自由令）
産穢の制廃止布告（それまで妻が出産すると夫は外へ出なかった）

一八七二（明治五）

「明治天皇肉食奨励ノコト」と新聞に発表

＊『井伊家御用留』安永・寛政の頃からの幕府・大名らの牛肉粕漬、味噌漬、干し牛肉注文の記録（大名の名前がずらりと並ぶ）

＊僧侶・肉食妻帯

＊女人禁制廃止（世界博覧会（京都会場）が引き金となった）

政府の近代化政策では、能・狂言・歌舞伎・人形芝居、盆踊り、門付け芸、大道芸等の芸能は、外国人には見せられぬ弊風として完全に無視される

＊大江　卓（一八四七〜一九二一）

＊中江兆民（一八四七〜一九〇一）

一九〇二（明治三五）　三好伊平次らは岡山県の部落をまとめて「備作平民会」を創設
その他各地に部落改善運動が始まる

一九〇三（明治三六）　大日本同胞融和会大阪で結成（東京、愛知、三重、京都、大阪、奈良、和歌山、兵庫、岡山、九州四国の各地から代表が集まった）

一九一七　内務省「全国細民部落調査」

神武天皇皇陵の拡大に伴い洞部落の移転（奈良）

＊喜田貞吉『特殊部落研究』（『民族と歴史』特別号）を刊行（一九一九）

一九二〇　第四三議会で「地方改善費五万円」を始めて予算化

一九二二　全国水平社創立

＊高橋貞樹『特殊部落一千年史』発禁　復刻版あり

＊高松結婚差別事件（一九三三　昭和八）

戦後

天皇の人間宣言　人権指令、神道指令

＊オールロマンス事件(一九五一)

一九六〇(昭和三五)「同和対策審議会設置法」

一九六五(昭和四〇)「同和対策審議会答申」

一九六九(昭和四四)「同和対策事業特別措置法」

一九八二(昭和五七)「地域改善対策特別措置法」

一九八七(昭和六二)「地域改善対策特定事業に係る国の財政上の特別措置に関する法律」

一九九五(平成七)「人権教育のための国連十年」とすることに第四九回国連総会が決議

一九九七(平成九)「地域改善対策特定事業に係る国の財政上の特別措置に関する法律の一部を改正する法律」
「人権擁護施策推進法」(五か年)
「人権教育のための国連十年国内行動計画」各種人権条約批准

二〇〇〇(平成一二)「人権教育及び人権啓発の推進に関する法律」

第三章　人間の関係を壊していくもの

以上、三つの視点から、囚われやこだわりの背景について見てきました。「浄穢観のこだわり」も「貴賤観のこだわり」も「同調志向のこだわり」も、それ自体としては、長い日本の歴史と文化の中で形成されてきたものであり、今、それをどのように批判し議論してみても、すぐ簡単に変えられるとは思われません。なぜならば、それはそれなりの理由があって現実化してきたのだから。それなりの理由を明確にし、吟味し、検討することが何よりも肝心なことではないでしょうか。

ただ、人権侵害とどのように結び付くのか、どのようにしてマイナスに働くのかは、明らかにしておかなければ未来への展望は立ちません。第二部第一章の冒頭で、「価値の中に非価値を、非価値の中に価値を見極めることはできないか」と述べましたが、それぞれがもつ、光と影の両面を見極めておくことが重要であると考えられます。

第一節　ケガレの固定化・属性化

第二部第一章の一節で、神道や仏教でいうところの「けがれ」や、生活を規制する「延喜式」における「穢れ」などについて見てきました。穢れの意味も、「わざわい、災難・天災、病気、死、社会の不正常、不浄」など広義に及んでいましたが、科学の未発達な時代のことゆえ、そこから逃れるすべはあろうはずもありません。逃れるためには、「みそぎ、はらえ、きよめ、呪術、祈祷、おどり、うた」などしか考えようもなかったに違いありません。いや、今日でさえ、天災を征服できるわけがないのだから、天災に対しては無力です。オカルトに走るのも、ご利益を祈ったり、神社に参拝したり、仏壇に手を合わせたりするのも、無力な人間のあるがままの表現であり、超越者への願望と帰依であるともいえます。

古代から三不浄といわれた「死穢《しえ》」「産穢《さんえ》」「血穢《けつえ》」も、もともとは、人間がもっとも恐れたものだったから、「畏《おそ》れ」「憚《はばか》り」「慎《つつし》み」の対象でした。忌み避けたいとする気持ちは当然のことです。しかし、避けたくても避けきれるものではないから、畏れを抱きながら慎重にして敬虔な態度で向き合ったのでしょう。そのこと自体に間違いも不合理さもあるわけがなく、人間の実存の姿とも考えられます。

それでは、問題はどこにあるのでしょうか。誰もが避けたい。誰もが怖い。しかし必ず出会うものである。いつ出会うかもしれない。ところで、そのような恐怖をもたらす原因やみなもとが、特定の個人や集団にあるとしたらどうなるでしょうか。一部の人間を固定化し、特定の個人なり集団をケガレの発生源だとしたらどうなるでしょうか。実は日本の歴史は、それを行なってきたのです。

『ブッダのことば』(中村元訳、岩波書店、一九九一年)に、「生まれを問うことなかれ。行ないを問え。卑しい家に生まれた人でも、聖者として道心堅固であり、慚愧の心で慎むならば高貴の人となる」「生まれによってバラモンなのではない。生まれによって非バラモンなのでもない。行為によってバラモンなのである。行為によって非バラモンなのである」といわれるように、本来、人の生まれによって浄やケガレが固定化され決定づけられるものではありません。ところが、政治の力は事情を変えてしまいます。支配者が安定と秩序を維持しようとして、仏教、神道、道教、儒教等を政治的に利用するとき、また、身分なり身分制度の存在を合理化しようとするとき、身分と「浄」や「穢」を固定的に一部の人間に結び付けたり、身分は「浄」や「穢」と、生まれつき切り離せない関係にあるのだと強調してしまいます。つまり「浄」や「穢」は、その人の属性として固定したものと決めつけていくわけです。そして、支配者たちは、不浄や穢れを扱い払いのける人達、すなわち、不浄や穢れを払いのけるために「みそぎ、はらえ、きよめ、呪術、祈祷、おどり、うた」などに関係してきた人々を、いつのまにか、不浄や穢れはその人たちの本質的属性だとさえ見るようになっていきました。支配者たちの思想は、いつの世でも百年たつと庶民の思想にまで広がっていくといわれます。問題はここから始まったといえます。

また、古代仏教にはどれにも厳しい戒律がありました。大乗仏教には厳しい「殺生戒」がありました。支配者は殺生による死の穢れを恐れました。なぜなら、穢れは国家に不幸を招き、国家の平和を乱すものと信じていました。その結果、前章でも見てきたように「天下触穢《てんかしょくえ》」の布告が出されたり(六七六年)、同時に「殺生禁断の令」が繰り返し公布されました。「殺生禁断《せっしょうきんだん》」はもちろん仏教思想からのものです。狩猟や漁労までも制限、禁止したり、死刑を中止したこともありました。

しかし、それは、文化や学問としての仏教を政治に活かそうとする鎮護国家の思想や、仏教教義の慈悲心からであって、ケガレが不浄なものとか、忌避すべきわざわいの元だとして、ただちに差別にもつながるということではなかったようです。もともとケガレには「聖と穢」の未分化な二面性を意味していたのだから。不浄性が強調されて、民衆の差別意識にまで変容し出すのは、前章でもみたように、「延喜式」（九二七年）とか現世利益を希求する呪術的宗教が盛んになる一〇世紀以降のことであります。そして、いつの世にも欠かせない皮革の仕事や、皮剥ぎの仕事や、刑吏の仕事などのように、殺生と切っても切れない関係にあったり、それらに携わる人達は、しだいに排斥の対象、忌避の対象とされていくようになりました。部落問題の根源もここにあるわけです。

穢れを忌避の対象とし、特定の者に固定化、属性化したこと。
特定の者とは、つみ、けがれ、わざわい、煩悩等の「ケガレ」を祓ったり、きよめたりした人たちのこと。

ところで戦国の時代に人を殺し合った武士たちこそは、最も穢れたものとして差別され忌避されるべきではないのかという疑問が起こります。実際はそうではなかったようです。穢れがもっとも強いとされたのは、人の死よりも、牛や馬の死やそれに関わる人々だったのでした。実に勝手な理屈としかいいようがありません。

第二節　人をはかる「ものさし」のこわさ

第一章の第二節では、どうしてこんなにまでと思われる我々の序列意識を見てきましたが、身分制度下の江戸時代でも本当に階級差や序列意識が強かったのは、身分間よりも同一身分内においてだったということは前にも触れました。それはインドのジャーティーにも似ています。あの『女盗賊プーラン』で有名なプーラン・デヴィは、カーストの違うクシャトリアの人間に散々な目にあわされましたが、生まれによって序列が定まり、終生支配と被支配の枠組みに組み込まれていたからでした。

ここで問題になるのは、こうした序列は、そのままが人間評価のすべてとなり、他の「ものさし」を受け入れないことです。

このことは、現在の教育界にも当てはまるかもしれません。現在の子どもたちの大きな不幸の一つといわれるものは、成績という「ものさし」だけが幅をきかせていて、個性にしたがって多様な評価をされるということが少ないからです。河合隼雄先生もこう述べられています。

「日本も西洋の能力主義を取りいれるようになったのだが、西洋のように個性ということから出発していないので、個性にしたがって多様に評価するということをせずに、一様に序列をつけないと気がすまないのが日本的なのである。自分がどのような能力や特性を持っているか、ということではなく、集団の中の何位に位置するかということによって、アイデンティティが定まる。何番かが分からないと落ち着かないのである」と。まさに、限られた科目の成績というものさしだけが、絶対的な幅をきかせてしまうと、どうしても、人の全価値が一つのものさしで計られることとなり、「できる子」「普通の子」「できない子」が何歳になってもついてまわっていく。六〇歳になっても、同窓会などで、「勉強のできた子」「普通の子」「できなかった子」という固定観念をひきずっている光景も珍しいことではありません。そして、「できる子」「普通の子」「できない子」はそのまま「よい子」「普通の子」「わるい子」になってしまうところに落とし穴ができてしまいます。これらは、かつての生まれつきのもの、運命的なものとして観念された「貴・良・賤」「聖・俗・穢」の構造と五十歩百歩といえないでしょうか。

先に、『ブッダのことば』から、「行為によってバラモンなのである。行為によって非バラモンなのである」と引用しましたが、言い換えれば、「成績によってバラモンであり、成績によって非バラモンである」などとなったらとんでもないことです。ブッダは、バラモンも非バラモンも、それが運命的に決定づけられたものではないことを強調されたのでした。

「ものさし」という言い方を許されるなら、人間を計るものさしは、限りなく存在するべきものと考えなければなりません。「個性重視」とはそういう意味のはずです。子育てや子どもの教育に関わる仕事に従事するものは、「成績」という「ものさし」だけでなく、限りなく豊かなものさしを持っていることが何よりも大切なことを、私も永年の教職を辞めてからつくづく感じているところです。辞めてから感じているようでは話になりませんが、成績序列に毒されないだけの豊かなものさしを教師は心に具えているべきだと思います。

京都女子大前学長瓜生津隆真先生は、『京都女子大学通信』（五十九号）に「人間とモノサシ」というエッセイを書いておられますが、大変に教えられるので引用させていただきます。

人生のもっとも大切なモノサシとは一体何なのでしょうか。この問いに答えていくことは、通常の心で考えているかぎり容易なことではありません。私は「名号のはかり」と解説された親鸞聖人のことばの中に、その解答のヒントが出ていると思います。私たちはそれぞれ違った心をもち、その心を拠り所として考え、価値判断をしていますが、そのような自分のモノサシではなく、それぞれの心を貫いてはたらく大いなる心を知ることが大切であって、そのことを「名号のはかり」ということで説きあかそうとされたのです」と述べられ、併せてマザー・テレサのことにふれ、「〈死にいく人々の家〉のことで〈なぜそんなことをするのか〉と問われると、テレサは、〈人生の最後に自分はこんなに大切にされている。自分は大切な存在なのだということを知って、大いなる心のふるさとに帰っていくのだ〉と答えられたという。近代的な医療で病気を直すというのではなく、自分は大切な存在なのだという思いをもたせて大いなる心のふるさとに帰してあげたい、ということなのです。

このようにテレサの真意を説明されています。「名号のはかり」とは、難しい言葉ですが、私は一切を受け入れる「無」であり「無限」であり「慈悲」だと考えています。テレサの場合も、神の子としてのすべてのいのちに対する絶対的敬虔さであると思います。以上から――。

固定的序列観はひとりひとりの尊厳性を曇らせてしまうもの。

第三節　マイノリティを排斥する同調志向

第一章第三節の「思いやり・察し・義理・人情」は、きわめて限定された集団でのみ脈動するものであって、皮膚感覚の及ぶ範囲とか、実感の持てる範囲に限られるものと述べました。すると、その範囲を越えた外側に対しては逆に排他的・無関心・冷淡ということになりかねないわけです。外国から日本に移ってきて、どんなに長く住み着き、どんなにうまく日本語が語れても、日本人はその人をいつまでたっても、「がいじん(外人)」と呼ぶことに平気であるとか、「どこの馬の骨とも知れず」とか、「旅の恥はかきすて」「あっちの人」「川向こうの人」「よそもの」などという言葉がしばしば飛び出すのも外への冷淡さにほかなりません。人権侵害につながるところです。

問題は外側に対してだけというものでもありません。義理人情で結合しあう集団の内側でも、問題がないとはいえません。「不公平」とか「妥当性の欠如」とか「不当性」によって人権侵害が起こっているとき、義理や人情やおもいやりや察しは、鋭く問題を指摘し解消できるかどうかは難しいのです。

たとえば、「女人禁制」の問題に対して、その不当性を「義理、人情、思いやり、察し」は鋭く指摘しうるでしょうか。また、「戸籍の公開閲覧」に対して、「思いやり・察し・義理・人情」がその不当性を厳しく裁定できるでしょうか。同和問題の解決も、「やはり思いやりが大切だよ」と聞かされることが少なくありませんが、親に結婚を反対されても、親への思いやりから、親の不正を許してしまうことがよくあるものです。実は「義理、人情、思いやり、察し」と「正義・義務・ルール」との関係をどのように五感でとらえたらいいのか、このテーマこそ私たち日本人にとって、今もっとも考えなければならない問題だと思っています。次章でとりあげたいと思います。

偏した同調志向は、非同調者を排斥し、非同調者を異質とみなしやすくなる
義理・人情・思いやり・察しは、正義、義務、ルールに対する厳しさを欠きやすくする

＊　＊

さて三つのこだわりは、現実場面ではつねに重なり合うことで、いっそう人間疎外や差別の熾烈さを増強させます。つまり、浄と穢、上と下、貴と賤、集団の内と外等のこだわりは、決してばらばらには存在しないで複合化し、重層化し、統合化された規制観念となって働きます。図のように相互に結ばれ合うものです。上下は単なる上・下ではなく、下は卑しくて、場合によっては不浄なのである。上は貴くて清浄なのである。

意図的計画的な教育を行っている学校ですら、勉強のよくできる子は、まるで人間のすべてが優れているようにみられ、何が個性なのか分からなくなってしまう危惧すらないとはいえません。

さらにやっかいなのは、三つのこだわりが重なり合ったところに、さらに、義理・人情・思いやり・察し等がからむと、独特の意識構造が生まれてくることです。たとえば、人が人を支配したり、人が人に服従させられているところでは、洋の東西を問わず、どこかで人権が抑圧されたり踏みにじられたりしてくるのですが、日本人の場合は、**支配は「保護意識」に、服従は「依存意識」「あまえ意識」に変わってしまい、何となくおだやかさをかもしだし、問題もすりかわったり、ぼやけたりすることがあります。**例えば他人のせいで極端に不自由を強いられていても、「ふだんお世話になっている方だ」となってしまったり、「主人様はよくしてくださる」などとなる。熾烈な差別言動をとがめられていても、「私はあの方の身内の方とは深いお付き合いがあるから……」というような場面も案外に少なくありません。つまり賤視観や差別の非合理性が、義理・人情・思いやり・察し等によって曇らされ曖昧なものになってしまうことが多いのです。

第四節　忌避、排除、賤視、差別はすべて「関係性の問題」

本書の第一部でも述べましたが、私はいつもこう考えています。

「世に女性がいるから女性問題があるのではない。障害者がいるから障害者(差別)問題があるのではない。同和地区があるから同和問題があるのではない。錯覚が実に多い。人権問題とは関係性の問題であり、差別・

被差別を生み出してしまう全体の構造と意識の問題である。差別の現実に学ぶのも、関係性を問い、全体構造を問い、共同観念や社会意識を問うためである。私には関係ないことと言ってはいられないのである」と。

穢れを忌避の対象とし、特定の者に固定化、属性化することも、固定的序列観にこだわることも、非同調者を排斥し、非同調者を異質と見なしていくことも、関係を破壊しているという関係性の問題であります。関係性の問題でないとしたら、女性差別問題は女性自身に原因があり、障害者（差別）問題は、障害者自身に問題の原因があり、同和問題は同和地区自体に原因があることとなり、それはまさに、穢れを特定の者に固定化、属性化し、固定的序列観を認め、非同調者を排斥し異質とみなしていること以外の何者でもないといわなければなりません。

実は、案外にこの錯覚に陥っていることが多いのです。「私の近くには同和地区がないので、同和問題はまったく分かりません」とか、「身近に障害者がいないので、障害者（差別）問題はまったく分かりません」などと思っている人は多いのではないでしょうか。また、フィールドワークとしての同和地区見学研修こそ一目にして同和問題が理解できるかのような雰囲気にもよく出会いますが、そこにあるのは差別の結果であり、差別の現実であって、差別の本質や差別の根源そのものでは決してありません。「黒人は黒人である。一定の関係のもとで奴隷となる」という有名な言葉があるように、差別の本質は、関係性の中にこそあることを改めて強調したいと思います。

第四章　囚われやこだわりの克服

われわれはこれからどうすればよいのか

われわれはこれからどうすればよいのか。こだわりの非価値的側面をどのようにして克服していけばよいのでしょうか。一つの視点としてこの章で考察し提起していきたいと思います。まさに本書の中心に当たります。

前章まで、ながながと、日本人のものの見方、考え方を見てきましたが、何度も触れるように、斉藤洋一先生は『身分差別社会の真実』の中で、江戸時代の身分制度を取り上げられて、もともと身分制度は、時の政治権力が法令などで明示しているわけではないこと。身分は生まれによって決まっており、それを変更することは誰にも原則としてできないのだ、と「みんなに観念されていた」こと。平人身分に生まれた者は平人、えた身分に生まれた者はえた身分になるものと、みんなが観念していたことなどを述べられ、こうした「共同観念のほうが、政治権力による強制よりもさらに強い強制力を持っていたといえる」と強調されました。「囚われ」とか「こだわり」と呼んできたものは、まさにこの「共同観念」にあたります。それだけに、克服などといっても、それは同時に文化の問題でもあって容易なこととは考えられません。

それでは、こうしたこだわりや囚われは、人権侵害につながるからとして、すべてを全面否定することができるでしょうか。それは不可能に近いことです。なぜならば、「現実的なものは合理的であり、合理的なものは現実的である」（ヘーゲル）といわれるように、存在にはそれなりの十分な理由と原因と条件を持っているからであって、むしろ必然と見なくてはならない場合が多いからです。共同観念の存在にもこのことは通用するのではないでしょうか。

ＮＨＫは「その時歴史は動いた」の人気番組を続けてきましたが、過去の日本がある時期どんなに大きく変革したとしても、決してそれまでの過去の民衆の価値観を全面否定するとか、全面的破壊をしてしまうとか、完全に消し去ってしまうということは一度もなかったのではないでしょうか。とくに三つの囚われやこだわりの意識構造は、すべての時代の文化や制度を貫いて流れてきたものだと考えられます。

先に述べたように、価値の中の非価値を、非価値の中の価値を見極める視点に立って、これからの方向を考えてみたいのです。

第一節　歴史の再発見とケガレの積極的意味

一　不浄視されたケガレは慎みと畏敬の対象だった

縄文の時代、弥生時代、大和時代、奈良・平安時代から鎌倉・室町・戦国・江戸時代へと、「穢れ」の意味は少しずつ変わって来たことは前にも述べました。前に、仏教や神道における浄穢観について概観したように、仏教が入ってくるまでの長い時代は、自然崇拝としての土俗的信仰であって、民俗学では、穢れの意味も「ケ」と「ハレ」と「ケガレ」の関係でとらえられ、一つの体系としての宇宙観・世界観だったと説明されます。それは、古代日本人の、自然観であり生命観でもありました。特に、農耕に携わっていた人々は、自然とともに生きる中で、「ケ」と「ハレ」と「ケガレ」の往復する自然の摂理を敬虔な気持ちで受け止めていたわけです。

ケガレの原義については、辻本正教さんの『ケガレ意識と部落差別を考える』(解放出版社、一九九九年)や沖浦和光、宮田登両先生の『ケガレ』(解放出版社、一九九九年)、宮田登先生の『ケガレの民俗誌』(人文書院、一九九六年)に詳しく、分かりやすく説明されています。古事記神話のイザナギ、イザナミの話の中に既に「ケガレ」の言葉が見えるのですが、そのことは、漢字が用いられるようになるずっと以前から、大和言葉として存在していたことになります。漢字が用いられてくると様々の字を当てていきますが、かえって意味がよく理解できるものです。

気枯れ

気涸れ
気離れ
毛枯れ
毛離れ
穢れ

「気」とは、生命の原動力であり、活力のみなもとを意味しますから、いずれも、五穀が実らないこと、生成の力を失うこと、いのちの生育が阻害されること、エネルギーを衰退させることなどの意であることが分かります。当然このままの状態では困るから、ハレの儀式、呪術などを通して、ノーマルな状態の「ケ」に戻らせる必要があります。この循環的な営みこそ古代の人々の生活であり習俗であったと考えられます。日本ばかりではなく、アジアの各地でも、ヨーロッパの各地でも見られたといわれます。

「ケ」と「ハレ」と「ケガレ」の関係は、川元祥一先生著『文化の空白と再生』(解放出版社、一九九三年)から紹介させていただくと、次のとおりです(原典は波平恵美子著『ケガレの構造』青土社、一九八八年)。

ハレ	ケ	ケガレ
特殊で異常なもの	清浄で日常的なもの、一般的なもの	不浄・穢れたもの
清浄	正常・状態	不浄・穢れたもの
善	中立で「ハレ」でも「ケ」でもないもの	邪悪・罪
幸		不幸・不運(死・病気・怪我災難など)
神聖	俗	神聖(広義の)

「ケガレ」「ハレ」「ケ」「ケガレ」「ハレ」「ケ」……と循環する自然と生命の摂理が、いつのまにか、連続の体系は崩れ、バラバラにされ、別々に固定化されていったことは前章でもふれた通りです。

二　循環の思想として取り戻すべき生命観・宇宙観

川元先生は、このことに触れて次のように述べられています。大きな示唆を与えられるところです。

分離したケ・ハレ・ケガレを、一つの体系とした生命観・自然観・宇宙観とし、もう一度一人ひとりが自分のもとに取りもどす必要がある。そのことによって、すべての人が「ケガレ」ていることを知ることができるし、「ケガレ」を排除する思想を克服することもできる。それだけでなく、一人ひとりが生や死、自然と直接向き合い、そこに責任をもつ習慣を回復することができるのである。その上にたって、差別のない新しい人間観、自然と共存する新しい自然観、宇宙観をつくりだすことができるだろう。

人は、「ケガレ」にもなり、「ハレ」にもなる。だから努力して生きるのである。努力しても、努力しても不幸を背負わねばならない時だってある。「ケガレ」とは、前章で見たように、神道にあっては、「浄」の反価値であって、真、善、美、聖の対立概念の総称であった。また「忌み」と結び付いた「恐れ」「不吉」「悪霊」であった。すべての人間は、「死」からも「産」からも「血」からも逃れることはできない存在なのである。こう考えた時、日本歴史の中に見られるように、生まれによって「ケガレ」が特定の者にだけ固定されるのは間違っているといわなければなりません。「ケガレ」は、誰もが関係するものであり、みんなが共有しているものであると考えなくてはなりません。

だから、「ケガレ」をみんなが共有するということは、川元さんのいわれるように、「分離したケ・ハレ・ケガレを一つの体系とした生命観・自然観・宇宙観として、もう一度一人一人が自分のもとに取り戻す」ことでなければなりません。仏教では、ケガレとは、「煩悩、つみ、六道」の世界であって、人が避けることも否定することもできないものでした。「ケガレ」をみんなが共有するということは、「煩悩、つみ、六道」の世界を自覚することにほかなりません。結論としては、

ケガレは、歴史の中で「延喜式」や「諸社禁忌」や「服忌令」などの政治的規制や社会的制度によって、次第に属性視され固定視されていったが、「ケ・ハレ・ケガレ」はもともと人間が大自然に学びながら、自然とともに生きていこうとした生き方であり、現在のわれわれにとっても大切な生命観世界観と言わなければならない。

三　ケガレと向き合いケガレに触れてこその文化

さらに今一つ、きわめて大切なことは、長い間、「ケガレ」を背負わされ、属性の烙印を付されて生きてきた人たちの、その生きざまの中にこそ、いのちの輝きや、人権の輝きが見られたという事実です。

これは、一見すると逆説的のようですが、重要な点であります。そもそも人間の諸権利や基本的人権と呼ばれるものは、人間らしく生きたいという願望や、不公正への訴え、怒り、闘いによって実現してきたものであって、どれをとってみても、人の上に君臨し、人を支配していた人達の側からの発想や提案から生まれたものは一つもありません。いつも支配され、抑圧されてきた人達からの訴えや叫びから生まれたものであ

ることを再認識しなければなりません。日本の歴史の中で、卑賤視されてきた人たちは、いつも蔑視や差別に負けてしまい挫折してしまっていたかといえば決してそうではありません。フランス革命のごとき闘争へのエネルギーというよりも、文化へのエネルギーとして昇華し、地味な生き方の中に、「ケガレ」を「ケガレ」としない、すさまじい生き方のあったことを直視しなくてはなりません。

ケガレを属性化され、人権を抑圧され、生きる力をも喪失していたとしたらどうなるでしょうか。あの「門付け芸」「伝統芸」や「仕事の技術」など、どうして成就することができたでしょうか。人を笑わせ、人の幸せを祈る芸能や文化がどうして生まれてくるでしょうか。「ケガレ」と「忌み」を背負いながらも、明るく生きてきた生きざまこそ、最も崇高な人間らしい姿といえないでしょうか。だから、そこに生み出された数々の文化を共有することこそが、忌避と排除の無意味さに気付く道であると考えずにはいられません。

ケガレを背負わされた人々の仕事・生業は、すべて「ケガレ」を払い清めるための「ハレ」の営みでした。水番、山番、街道守、警備役、斃牛馬処理、皮細工、処刑場の後始末、神社・仏閣・城の掃除、芸能・門付芸など、どれもみな「キヨメ」に関係した仕事であり役負担でした。ケガレの最たるものとされてきた「生と死」は、何人も避けては通れない人間存在の根源的な問題です。「生」と「死」を抜きにした文化にいくばくの価値があるというのでしょうか。ケガレや触穢の思想と真正面に向き合い、人間の尊厳を失わずに文化を創出してきたこと自体、自由のための闘いであったというべきであり、この人達こそ、もっとも豊かな人間性を具えている人たちであったと断言しなければなりません。

四 まだまだ必要な歴史の再発見

こうした文化の中味はほとんど知られることなく、近世近代を過ごしてきたのではないでしょうか。それは、わが国では一般的にもよく知られていなかった高貴薬「牛黄《ごおう》」のこととか、杉田玄白らの腑分けについてはよく知られ、その功績も広く称えられてきたけれども、陰で大役を勤めた「えた」身分の虎松のことについては、一字一句も伝えられてこなかったこととか、芸能文化のほとんどが中世賤民によって創出され、支えられていたにも関わらず、長く軽視されてきたことなどによっても分かることです。

排除と差別と忌避によって、空白と断絶をもたらしたのだから、知れるはずもなかったといえます。明治期になってからは、脱亜入欧の強い風潮が広がり、むしろ抹殺だったかもしれません。

歴史再発見の必要はここにあります。われわれ自身が、どれほど過去の文化を、とりわけ庶民の文化を正しく評価できなかったかは、たとえば江戸期の浮世絵はどうだったでしょうか。その価値を本当に評価したのは欧米人でありました。封建時代なるがゆえに、優れたものは何もないのだとして、町人や賤民文化を日本のわれわれ自身が評価できず、外国の藝術家たちによって再評価できたという歴然たる事実は何を語るのでしょうか。夏目漱石も、明治四二年の五月『明治座の所感を虚子君に問われて』というエッセイの中で、歌舞伎を指して「野蛮人の藝術」「浅薄愚劣なる世界観」と所見を述べているくらいです。

江戸期の民衆によって運営されていた多くの寺子屋についても、それらが日本教育の高い水準をもたらしたことについては現在では常識のように語られますが、それもR・P・ドーアという外国人によって『徳川時代の教育』(岩波書店、一九六五年)が発表されて、初めてわれわれも再認識できたわけです。これもまた、歴史の再発見だったのです。

況《いわん》や賤の人々の文化など、長きに渡って目も向けられなかったことは重大なことです。先にふれた杉田玄白についても、彼の功績を称えた顕彰碑はあちこちにあるようですが、実際にメスを振るった虎松のおじいさんのことまで記述したものは一つもないといわれます。賤民文化の抹殺そのものという外ありません。

歴史は刻々と変わるものだと思います。変わらないものは年表だけです。何に目を向けるのか、その意味をどう考えるのかということは、私自身も年々変わります。これが歴史ではないでしょうか。

今必要なことは、抹殺され続けてきた広範な文化を知ることと、その文化は必ず社会的な意義をどこかで発揮していて、みんなはどこかでそれを享受してきたという事実を具体的に知ることだと思います。「ケガレ」を背負って生きた人たちの文化とは、川元先生の分類法によれば、「多彩な生業」、「技術」、「諸々の芸能」、「人権への闘い」、「生命観」ということです（ただし、「生命観」のところは先生は「宇宙観」とされている）。私はさらに「宗教」を加えています。一つ一つについての説明は省きますが、現在も郷土史家の方々の努力で一歩一歩掘り起こされています。

さらに、忌避と差別の社会では、社会全体が「差別と被差別」という関係性の存在だけのように考えてしまいますが、実の所は、目に見えないところで、文化の豊かなギブアンドテイクがあったことも認識し直す必要があります。実は様々の文化を、表では差別したり忌避しながら、裏では大いに享受していたことに気付かなくてはなりません。だから歴史の再発見はまだまだこれからなのです。

以上、**「歴史の再発見とケガレの積極的意味」**に新たな関心を向けていくことが、今もっとも大切な「克服」

の一つ目であると考えているわけです。

第二節　固定的序列意識を糺《ただ》すもの

一　社会全体の意識がタテに働く

「いやしい」に「賤」を当てたのはいつ頃からか分からないが、「いやしい」という言葉は古いようで、万葉集にも枕草子にも使われています。人の行為のありようを指したり、植物や人のある状態を指したり、古い大和言葉は多彩な意味で用いられてきたようです。身分制度が確立していくと、当然最下層の身分の人たちを指して呼ばれるようになっていきました。貴と賤は対峙関係にありますから、貴も同じく固定化され、上層身分の人たちを指し、そこへ浄と穢の観念が結び付いて、ますます固定的、生得的、運命的なものになっていったことは改めていうまでもないことです。

また前章でも述べたように、カミの概念は簡単に相対化していき、身辺にたくさん上と下の関係を作っていったり、国つくりの神話では、天上の天つ国、この世界である中国(なかつくに)、地下の黄泉の国(よみのくに)と描かれたり、柱や巨木への信仰が依然として強いのを見ても、このような昔の人たちの素朴な宗教観念や宇宙観からすれば、社会全体の意識がタテに働くのは自然なことかもしれません。

アンベードカルは仏教に何を求めたのか

インドに目を向けてみると、カーストにせよ、サブカーストにせよ、この国ほどタテの構造ががんじがらめに根付いているところは無いように思うのですが、このシステムや社会意識に向かって全面的な闘いを挑んだといわれる人にアンベードカル(一八九一～一九五六)がいます。少しずつ日本にも紹介されてきましたが、ダリット(アウトカースト、不可触賤民のこと)の出身なるがゆえに、彼は少年時代から過酷な忌避と排除と差別の矢面に立たされてきました。彼が学校で水を飲もうとしても、穢れるからとコップにもヤカンにも触《さわ》らせてはもらえず、まわりの誰かが口をあけさせて、ヤカンを高々と持って口に水を流し込んだといわれます。その彼が、州の議員になり、労働大臣になり、法務大臣にまでなりました。しかも今日のインド民主憲法の草案のほとんどを一人で作ったのでした。日本国憲法の一四条にも相当するインド憲法第一七条には、

「不可触賤民制は廃止され、そのような慣行は、いかなる形式においても禁止される。不可触賤民制に起因する無能力を強制することは、法によって刑罰を科しうる犯罪とする」

と明記されています。同じくダリット出身のあの『女盗賊プーラン』(草思社)でのプーランを想う時、憲法と現実とのギャップの何と大きいことかと驚いてしまいます。

さてアンベードカルは、検定試験に合格して大学に進みますが、それは実に稀有なことでした。アメリカにも英国にも留学し幅広く学問を究め、すべての力を不可触民の解放に捧げます。生涯のどこを見ても、貴い活躍のドラマですが、何といっても、彼が自分たちの解放を妨げる最大のガンとなるものは「ヒンドゥー教」だと考えて、仏教を賛美したことでした。そして大勢の仲間とともに仏教に改宗していきました。当時の膨大な演説集や、反対にヒンドゥーを守ろうとするガンジー首相との壮絶な大論戦集などもあります。改宗の理由は次のとおりです。

彼は四大宗教の開祖であるブッダ、イエス、ムハンマド（マホメット）、クリシュナを比較研究し、『カーストの絶滅』（山崎元一訳、明石書店、一九九四年）でこう述べています。「ブッダを他の三人から際立たせている第一の点は、自己の神聖性の否定にある」。後の三人はみな神の子だとか神の使徒だというのに、ブッダだけは違うとして、「彼は人間の子として生まれ、普通の人間であることに満足し、普通の人間として教えを説いた。彼はいかなる超自然的な出自も、超自然的な力の所有も主張せず、また超自然的な力を証明するような奇跡を行ったりもしなかった」。「大般涅槃経の中で、彼はアーナンダに向かって、自分の宗教は理性と経験に基づくものであり、信徒たちは彼の教えを単に彼が発したという理由で正しいと考えたり、拘束力を持つと考えたりすべきではないと語っている」と述べています。ブッダは自分の教説をいつでも修正する自由を弟子たちに与えていたのであって、そんな教祖などどこにもいないというわけです。

つづく理由の第二点目は、「ヒンドゥー教の公的な教えが不平等性にあるという事実の中に存在する。なぜなら、四つのヴァルナ制度とは、この不平等性の教えの具体的な体現であるからだ。これに反対して、ブッダは平等を唱導した。彼は四ヴァルナ制度の最大の敵対者であった。彼は、これに反対する教えを説き、戦っただけではなく、それを根絶やしにするためにあらゆることを行った」といいます。その結果「ヒンドゥー教は、ブッダによる攻撃の結果、教義の上で多くの変革を余儀なくされた。それはヒンサー（殺生）をやめた。それはヴェーダーの無謬性の教義を放棄する気配さえ見せた。ヒンドゥー教は、ブッダの四ヴァルナ制度反対の議論の力を認めないわけにはいかなかった」とアンベードカルは述べています。

大乗仏教に溶け込んできた私たちには、この原始仏教の世界におけるブッダは、一人の偉大な思想家であり哲学者であり、政治家にさえ見えてくるようです。アンベードカルが、カーストの絶滅を目指して、ブッダの思想に依拠した理由がよく解ります。ブッダの**「自己の神聖性を否定し、絶対化しない」**とするところと、**カースト制度に真っ向から矢を向けて「四姓平等」を唱えた**ところにアンベードカルは惹かれていますが、彼のこの文章が一九三〇年代のものであることを考えると、二千年もさかのぼるブッダの存在の大きさに改めて敬服してしまいます。それでは、日本における序列的な「こだわり」にはどう対処していけばいいのでしょうか。

二　たくさんのものさしと差異性

限りなく多いものさし

日本の場合も、インドのバラモンや、ヨーロッパのあの権力を欲しいままに振り回した王朝と並べて、日本の天皇制を見る向きがありますが、私は事情が違っていて、同じスタンスでは論じられないと考えています。つまり日本では、王朝確立期や明治期は別として、長い時代のわれわれのタテ意識が生み出し作り出してきたものであって、たとえ天皇制をなくしても、それに代わる何ものかが必ず生み出されてくるに違いないと考えます。統合原理と言われようが、象徴と呼ばれようが、歴史の大部分では、タテ意識や序列的全体構造が作り出す一環としての表れと考えられます。ではどうすればいいのか。

参議院議員副議長だった松本治一郎氏の「貴あれば賤あり」はあまりにも有名ですが、貴や賤の絶対化、普遍化、固定化が問題になるわけです。しかし、ブッダの言葉のように、行為によって貴になり、行為によって賎ともなるという見方は妥当ではないでしょうか。

だから、タテを否定するのではなく、たくさんのものさしによる、たくさんのタテでなくてはならないと考えるのです。ヨコ志向とタテ志向はどちらも否定できません。ヨコだけがベストだとも考えられません。豊かなものさしによる多様な価値序列は否定するべきものではないと考えます。

ヨコだけが真実だと考えると、とんだことになります。一切の序列が否定されると、例の「能力と平等主義」の問題が起こります。運動会の徒走競争がやめられたり、みんな一斉にゴールインしたり、通信表の成績はみんなオール3とかオール4であったり、笑えない真面目な光景が起こります。

現在は、能力に対する教育の機会平等は達成してきたけれども、才能に対する教育の機会平等はとてもとても序の口でしかないといわれるとおりで、だからこそ教育の場においても「たくさんのものさし」「豊かなものさし」は欠かせないことであります。

ものさしの一元化ではなくて、たくさんのものさしを設けて、ものさしは限りなくあるのだという共通観念が生まれることこそ固定的序列観のこだわりから脱するひとつの方法ではないかと考えます。

一元的価値序列と差異的序列

こだわりとしての序列は確かに価値的序列に違いありません。価値を帯びなければ序列には何の意味も持たなくなるわけですから当然です。問題は特定の序列を絶対化したり、序列を一元化したりするところにあります。

しかしこれを、今一度「差異」的視点で見ることができるはずです。例えば、席順で「市長さん」と「一市民」が並ぶとしたら、市長さんが、「偉い方」とか「価値高い人」だから先であると見るのではなくて、その席やその集会の性格と関わって、仕事や業務の違い、役務や責任の違い、期待や知名度といった「差異性」に目を向けた序列志向でなくてはならないということです。「差異性」への視点は合理性に立脚するものだと考えられます。何らかの合理的理由なくしては差異を決めることはできないからです。

茶道での約束ごとに、招く客を決めるのはもちろん亭主であるわけですが、今日の茶会にはAさんを、斯く斯くしかじかの理由によって正客にしたいと考えたら、その日の参客がどなたであろうとも、その座はAさんがチーフ役を務めることとなっています。昔でいえば、たまたま正客が町人身分の者であって、他の連客の中に武士の人がいたとしても、その場は町人の正客が中心となるのです。差異的序列とはこのようなことを申したいのです。

このような視点を重視していくことは、特定の価値序列だけを絶対化したり普遍化したりすることから解放されるはずです。

三　「いのち観」の再生とその現代的理解

天地自然のすべては生きとし生ける存在

日本人古来の生命観や「いのち」に対する思想をもっと見直し、大切にしていこうというのが次の提案です。前章でも紹介しましたが『美と宗教の発見』で、梅原さんは、「世界はすべて生きた生命から成り立っているという世界観が日本人の根底にはある。そのような世界観は宗教によって理解できる。宗教の中には、もっとも深い人間の魂の自覚が現れている。宗教の歴史の中に、もっとも深い魂の自覚過程を見ることができる。そういう意味で、日本の神道も大乗仏教も真言密教もみな「自然生命的存在論」といえる。それは人間のみが持つ精神とか、理性とか、人格とかを強調する近代ヨーロッパのヒューマニズムとは違うものである。……」と述べられていますが、こうした伝統的生命観はどこかで消滅してしまったのでしょうか。決してそうではないと思います。前章でも見てきた通り脈々と引き継がれてきています。

朝顔に釣瓶とられて貰ひ水　　加賀の千代女

野の花一輪　だれの真似もせず咲いている
魚を食べた　お魚の一生をいただいた
春は花　夏ほととぎす　秋は月　冬雪さえて冷しかりけり　　川端康成

大　漁　　金子みすず

朝焼小焼だ
大漁《たいりょう》だ
大羽鰮《おおばいわし》の

大漁だ。
濱は祭りの
ようだけど
海のなかでは
何万の
鰮《いわし》のとむらい
するだろう。

どの時代の文学、芸術の世界にも、こうした日本人の自然観・生命観が脈々と息づいています。序列へのこだわりの克服になぜ「いのち」なのか、ということもありましょうが、「いのちの尊厳」とは本来比較したり優劣をつけたりはできないものであるからです。この本来の在り方を人間の文明は勝手な理屈を用いて序列化してきたのですから、今こそ徹底して「いのちの尊厳」とは何だったのか考え直してみなくてはなりません。わけても日本の場合は、村田昇先生が最近の大著『日本教育の再建』(東信堂、二〇〇一年)の「宗教的情操の陶冶」の章で「生への畏敬」「日本の心」「生命の意味」「生命の不思議さ」「生命の得難さ」「生命の連続性」「生命のかけがえなさ」「聖なる生命」等々にわたり詳細に論じられ現状に対しても厳しく警告されておられるように、古来より伝統的に、天地自然のすべては生きとし生ける存在として畏敬する自然観世界観を大切にしてきたわけです。民族の誇りとして、再生し磨き発展させていかなくてはなりません。このことは人権教育の基本的な課題でもあります。

日本では「神の前に平等」「法の前に平等」だけじゃない

平成一四年三月三日は全国水平社創立八〇周年の日にあたり、記念の諸行事が行われました。西光万吉が草案を作ったといわれるあの「水平社宣言」も、実は「人間の尊厳」「いのちの尊厳」が土台になっていて、アメリカの独立宣言やフランスの権利宣言のように、神の前に平等とか法の前に平等という視点だけとはいえないことが読み取れます。

「この際吾等《さいわれら》の中《うち》より人間《にんげん》を尊敬《そんけい》する事《こと》によって自《みず》から解放《かいほう》せんとする者《もの》の集団運動《しゅうだんうんどう》を起《おこ》せるは寧《むし》ろ必然《ひつぜん》である」

「祖先《そせん》を辱《はずかし》め人間《にんげん》を冒涜《ぼうとく》してはならぬ」

「人間に光あれ」

このように述べられているのを見ても分かります。人は「いのち」の前に平等であることを、日本人は古来自然とともに生きる中から、神道や仏教の中から確信をもって身体で感じ取って来たのだということを忘れてはならないと思います。

ついでに今一つ、日本人は「和歌の前に平等」だったのだということも決して間違いではありません。前述した渡部昇一先生も『万葉集』に見るとおり、あの国家的事業としての歌集は「カーストを超越して成立している」とも述べられています。実際天皇の横に農民あり乞食ありですから驚いてしまいます。

和歌三神といわれる中には、女性の衣通姫も入っています。和歌の浦の玉津島神社に祀られています。

毎年の「歌会始」も歌さえよければ、国籍も性別も年齢も問わず、誰でも天皇の招待を受けることができます。事実島根県の高校一年生の中尾君は中学三年以来二年続けて皇居に招かれました。こんな優美な風習がどこの国にあろうかとさえ感じさせられます。まさに「和歌の前に平等」というしたたかな伝統だといえます。

生命科学の進歩といのちへの畏敬

最近の生命科学の研究は驚異です。遺伝学を学生さんたちに混じって滋賀県立大学で聴講しましたが、途中で膨大な数の記号に負けてしまいダウンでした。ミクロの世界の何と広大なことよと驚嘆ばかりです。大腸菌一匹には、一人の教授が何十年間講義しても講義しきれないくらいの知識の量が詰まっていると聞かされています。

一ゲノムの重さは一グラムの二千億分の一といわれます。その一個の細胞の中の核の中のワンセットの染色体(ゲノム)には三十億の文字が書き込まれているというのです。現在大プロジェクトによって、その解読がほぼ終わったといわれます。

しかしその文字というのはＤＮＡであり暗号ですが、それを活かす者がいなくてはなりません。それが遺伝子です。遺伝子とはＤＮＡに違いないのですが、ＤＮＡの並ぶ中に点在していて、スイッチの役割をしています。つまりこの働きによってＤＮＡが生きたり止んだりしているわけで、大変重要な部分ですが、三万から四万あるといわれています。これについてはまだ数パーセントしか解っていないのです。しかしこの遺伝子は人の五十兆ともいわれる細胞の中の核の中の染色体に並んでいるのですが、人が生きている間は瞬時たりとも休んではいません。不思議にさえ思えるのは、耳の細胞の中の遺伝子は、必ず耳に必要なスイッチだけがＯＮになっていて、後はＯＦＦになっていることです。身体の細胞や染色体やＤＮＡは、体のどことっても同じであり、どこの染色体にも全てのスイッチがあります。しかし頭は頭に関するスイッチだけが機能するのです。何とすごいことではありませんか。頭の遺伝子が、万一にも足のスイッチにオンをかけたらたいへんなことになります。頭から足が出てくるわけですから。

ではいったい誰が間違いなく指令しているのでしょうか。五十兆の細胞の中の遺伝子はすべてが確実に動いているのですから、驚嘆です。人間世界に例えたら、その一万分の一にも当たらない地球上の人間どもは、争いを繰り返しテロをやり、秩序を破壊しているのですから情けないことです。生命への畏敬と感謝が一人湧き起こってくるではありませんか。

数十兆の細胞の中の遺伝子は、混乱することなく整然と機能していて、人体が死んでからも働いており、腐敗させるのだといいます。だれがこんな精緻ないのちを創造したのでしょうか。遺伝子研究の第一線にたって仕事をしておられる前筑波大学の村上和夫教授は、自分は科学者だから、あえて神や仏とはいわないが、もはや神のしわざ、仏のしわざとしかいい様がない。サムシング・グレートと呼びたいとおっしゃっています(村上和雄『遺伝子からのメッセージ』日新報道、一九九六年)。

以上の「差異化の視点」と「いのち観の再生」こそ、固定的序列へのこだわりを克服する道ではないでしょうか。

第三節　同調志向の肯定と否定

先に見たように、同調志向・同化志向は、「みんないっしょ」「みんな同じ」「自他同一」「義理人情・思いやり・察し」「世間体」などを特色としていて、日本人の否定しがたい共同観念・共同価値観となっていること、またマイノリティを排除したり、異質なものを作り排斥するという差別にもつながりかねないものでした。

それでは、やっぱり、まわりに合わせたり、世間体を気にしたり、義理人情などという感情主義に流れることは否定されるべき間違いなのでしょうか。こんなものを大事にしているようでは、「個の独立や自由」の達成にはおぼつかないことなのでしょうか。人権尊重の社会創造も不可能なのでしょうか。成熟した市民社会の構築にも大きな障害となるのでしょうか。

「世間体」は、しばしば、人権啓発の場においても悪者・厄介者にされます。私は、前章で、日本的集団は先祖崇拝の意味から、その存続と維持が絶対の条件であること、そこから規範意識も生まれてくること、そこでは人間関係が重要となり、集団に亀裂や内紛があってはならないから、必ずまわりに合わせて「みんないっしょ」志向になること、だから、義理人情・思いやり、察しの感性が磨かれることなどについても述べてきました。

集団に超越する価値(キリスト教の神、儒教の天、アッラー)を持たない私たち日本人は、真の意味での自己主張ができないのだとか、日本文化の一つの特徴は、集団に超越する価値が決して支配的にならないのだとか、天皇の絶対化とは、日本の場合、キリスト教の神や儒教の天に相当する絶対化ではなくて、集団そのものの絶対化にほかならない（加藤周一他著『日本文化のかくれた形』岩波書店、一九八四年）ものであるとか、等々大勢の人が繰り返し語ってこられました。このように見ていくと、日本人は「個の確立」も「個の自由・自立・主体」なんてものも、まるでありえないかのように思えてきます。果たしてそうなのでしょうか。

私は、それでも、日本人の同調志向に代表される民族的な「こだわり」を、すべてマイナス視するのではなく、積極的な価値をそこに見出だしたいと考えるのです。

クロード・レヴィ＝ストロースの日本人観

ここで、一人の著名な西欧人の日本人観を紹介してみたいと思います。文化人類学者クロード・レヴィ＝ストロース（Claude Levi-Strauss, 1908- フランス）です。

彼は世界的人類学者として各民族の文化に詳しく、日本研究にも造詣深い方ですが、日本人について語っているところは重要な指摘ですので、少し長くなりますが紹介させていただきます。

「日本の思想が『自我』を無にしているとは思われません。自我を原因ではなくて結果だとしているのであります。西洋哲学では主体は遠心的で、すべてがそこから出発します。日本思想の自我の考え方はむしろ求心的です。日本語のシンタックスでは一般的なものから特殊なものへと限定を重ねて文をつくりますが、それと同じように、日本思想は主体を最後に置きます。それは複雑に入り組んだ社会的・

職業的集団の組織の中から結果として出てくるものです。こうして主体は、自らの帰属の最終的な場所として実在することになります」。

「このように、主体を外から構築してゆくやり方は言葉にも表れます。人称代名詞をなるべく避けようとします。……どこにでもある鋸(ノコギリ)やいろんな形の鉋(カンナ)のように、中国で考え出された道具でも、六百年か七百年前に日本に持ち込まれると使い方が逆になり、前に押すのではなくて、手前に引くように変えられます。人が物に働きかけるときでも、自分は出発点ではなくて到着点にいるわけです。これは、家族、職業集団、地理的環境、さらに広くは国や社会の中に自分が占める位置によって自我を外から規定しようとするのと同じ、心の深層にある傾向を表すものです。日本は、手袋を裏返すように、主体の拒否という否定性を裏返して肯定的結果を引きだし、そこに社会組織を動かす動的原理を見出だしているのです……」。

「……日本は伝統に立ち返り、西洋社会の体系的精神が引き起こしがちなロゴスの頽廃を嫌悪しています。……自然現象はすべて合理性の刻印を付されており、われわれ自身の行動と同じように、一つの方向に論理的必然性をもって動いていくとするのが西洋の昔からの考え方ですが、この偏見から西洋思想を解放するのに日本的発想以上に役立つものはないでしょう。……」。

(『中央公論』一九八八年五月)

彼は、かつては西洋を含めて全世界にあった人類の「原初的な文化」が最も総合的な形で示しているのが日本の文化ではなかろうか、とまで日本を分析する人です。右は「世界の中の日本」というテーマで行われた国際研究集会での講演のごく一部に過ぎませんが、それでも実によく捉えているところだと思います。

一　自己否定から出発する同化志向の積極的意味

まわりに同調し、同化することは、確かに自己の否定に違いありません。しかし、それを抜きにしては、日本人の感性は落ち着かないのが普通です。

そもそも東洋思想には拒否するものが二つあるといわれてきました。先のレヴィ＝ストロースも指摘されているのですが、一つは主体の拒否、二つめは「ことば」の拒否だというのです。ヒンドゥー教も、道教も、仏教も、西洋人にとっては何より明白なことである自我を否定すると見られています。しかし先のレヴィ＝ストロースの引用のように、「主体の拒否という否定性を裏返して――」という否定の否定ともいえる行動こそは、改めて自覚し、その積極的意味を考え直してみなければならないと思うのです。

なぜならば、少しおおげさにいわせてもらうならば、日本の文化ほど、異質なものをよく受容し、異質なものとよく共存共生し、異質なものに対して血をもって叩き潰すことが少なかった所は他にはないのではなかろうかと考えるからです。いくつか例を掲げてみます。

理屈では両立しないものを両立させてきた日本文化

仏教の伝来は当初にあっては大変なことでした。国を挙げての議論が続いたこととは十分に想像することができます。しかしあの用明天皇の選択は、決して天皇一人の個人的な裁断結果だとは思えないのです。つまり、「仏法を信じ、神道を尊ぶ」という両立の選択は、当時のゲルマン社会にも他のどこにも見られない特有の選択であり価値判断だったと思います。その瞬間に、今も子どもの誕生には宮参りで、人の死にあたっては寺参りという図式が別段不思議とも何とも思わずに続いているわけです。外国人の目には奇異に映るというのに――。理屈では両立しないはずのものを両立させてしまった同化の文化ではないでしょうか。

こういうふうに見ていくと、けっこう気づかないところにもたくさんあるものです。漢字が伝わったのは三世紀頃といわれますが、これもすごいことで、それまでの日本語は日本語として続けながら、文字だけを有効に活用し活かすということは一見何でもないかのようですが、実はヨーロッパを見ても、そういう場合には言語もろともに変わってしまうわけです。つまり当時漢字とともに中国語にすべてが変わってしまっていても決して不思議なことではないのです。ここにも「古きを廃せず、新しきを入れる」という国民的態度が現われていると考えなくてはなりません。

同化といえば「自然との同化」は、まさにウルトラ級ではないでしょうか。川端康成のノーベル賞受賞記念講演の「美しい日本の私」は見事にそれを世界にアピールされました。

「春は花　夏ほととぎす　秋は月　冬雪さえて冷しかりけり」の道元禅師の歌から始まっています。豊かな感情と感受性とで、日本人は自然の色、音、匂い、味、形など実に細やかな識別をしますが、他民族よりも優れているなあと初めて実感しましたのは、空のいろいろな雲に対して、英語と中国語と日本語では、どれくらいの「ことば」があるかというTV番組がありましたが、断然日本語が優位でした。雲には入道雲、雨雲、真綿雲、鰯雲《いわしぐも》云々と約二百種類ほどあるようですが、中国語にも英語にも言葉がないのに、日本語にはたくさんの名前があるわけです。「自然との同化」は、まさにウルトラ級といえる所以です。西洋では虫の声は噪音ですが、日本では楽音として扱われてきたことも大切なことです。

先のレヴィ＝ストロースはこんないい方もされています。「日本では、神話と歴史とが相互排除的なものとは考えられておらない。対立的なものを好んで並置したりする云々」と。

同化の中のアイデンティティ「主客一如」

自己否定から出発するということは、自我や主体性の欠如であり、自尊感情も存在しない、個の確立からも無縁な、頼りの無い様《さま》を想定しがちですが、果たしてそうでしょうか。私たちの日本語だって、第一に自己否定から出発する構造であるのですから、簡単に非難できるものではありません。

茶道の極意とでもいうべき境地に「主客一如」といわれる言葉があります。茶席において主人と客が渾然一体となってしまう境地のことです。それは己を「無」にしなくては達せられない。「有」にこだわっていては駄目であるというものです。「寂滅為樂」「一座建立」「一期一会」などみな同じことです。

「茶道的創造的精神とは無である。無は観賞するものではなく創造するものである。一切のものを創るものである。……」といわれるように、否定とは「無」の意味でなくてはならないようです。

哲学的な言葉になってしまいましたが、何も茶道の世界だけのことではありません。

金子大栄先生は「外国ではお礼をいうときにはアイ・サンク・ユー、わたしはあなたに感謝する、こう言わねばならぬそうですが、日本のことばではわたしもあなたも略してしもうて、ありがとうという。これでよさが出てくるのであります。ありがとうという空気の中に、そこにわたしとあなたというものがおかれてある。わたしとかあなたとかいうことをいわないところに意味がある。そういう背景を与えるものこそ、虚なる宗教の世界でなくてはならない。云々」と述べられていますが、まさに茶道の「主客一如」と同じことではないでしょうか。いずれも「主体の欠如」などと簡単に断定することはできません。

主体を外から構築していくことの意味

レヴィ＝ストロースの言葉の中に**「主体を外から構築していく」**というものがありました。外とは、「近所」「世間」「社会」に留まらず、「先祖」「宗教」「学問」「法と正義」というふうに考えることもできます。するとこうした外からの構築は、一つの抑止力ともなることは間違いのないことですから、「アッラー」とか「ゴッド」のような絶対神を持たない私どもにとっては、他者への同化志向の中で自己を構築していく行動様式を善とする以外に道はないことが分かってきます。

いずれにしても、こうした外からの構築を無視し、自分本位で進むことになったらどうなるでしょうか。修羅場以外の何ものでもないことは明白なことです。世間体でもいい。要するに、意識の中の外的要因の枠を広げていくことが一番大事なことと考えます。近所よりも村へ、村よりも市や県へ、さらには先祖へ、さらには学問の世界へ、法の世界へというように世間体を拡大することが克服の策ではないでしょうか。世間体を何一つ気にもしないということは、絶対神を持てる人だけです。

二　非同調者を排斥せず正義やルールにも強くなるには

「正義・権利・法」と「義理・人情・思いやり・察し」

同調志向にこだわる私たちは、「義理・人情・思いやり・察し」には強いが、「正義・権利・法」には弱いとよくいわれます。この関係こそは、日本人のわれわれにとって最も苦手とするところであり、「こだわりの克服」にとっても困難な課題だといえます。

その困難さを示すデーターなり資料に事欠くことはありません。弁護士の中坊公平さんがいつも語られることですが、日本の司法制度は二割しか機能していない。二割司法だ。後の八割は、泣き寝入り、暴力、政治的決着、行政指導だと。「法と正義」の問題には国民は非常に弱いと嘆かれています。

このことをどう考えていけばいいのでしょうか。法や権利というと、どうも身体で理解するというよりも頭で理解することと考えがちです。法や権利というと、抽象的で形式的で無味なものと思えたりもするものです。法の専門家というと、何か庶民感覚から遠く離れた賢人のようにも見えたりします。これが一般的な風潮ではないでしょうか。

義理や人情や思いやりや察しやいのちというと、体がすぐにも反応するような感じさえします。この両者には大きな溝のようなもの、全く質的な違いでもあるような相容れなさがあります。いくら二つを融合したらといってみても、お念仏だけのものとなります。

私はこう考えます。義理も人情も思いやりも察しもいのちも、実際その内容は、低いレベルから非常に高いレベルまで存在するはずです。会田雄次先生が、『日本人の意識構造』(講談社、一九七〇年)であったと思いますが、思いやりとは、自分を突き放すこと、熟練を要するものと説明されていましたが、すべて努力次第でいくらでも変わるものだと思います。そこでわれわれのできることは、この義理・人情・思いやり・察しを、常に高めていく努力を怠らないこと。そして「正義・権利・法」は「義理・人情・思いやり・察し」の高次な具現化であるという理解を行うことです。とは申しましても、ロゴスの世界と情の世界の二元的なものの統合ですから容易ではありません。しかし我々は「義理・人情・思いやり・察し」を軸として認識を広げていくほかはないわけです。義も理も本来は人情とは関係のない中国の言葉ではなかったでしょうか。義理も日本では、いつの間にか人情の絡んだ意味概念として使われてきたと考えられます。

「正義・権利・法」をも包み込む「義理・人情・思いやり・察し」は不可能ではなく、これらを統合した生き方をされた先人は多くおられたはずです。一見両立できないものでも両立させてきたわれわれ日本人であることを誇りとして努力したいものです。

この点のクリアーが無い限り、いつまでたっても、たとえば、「権利などと言わなくっても、思いやりと優しさが第一だよ」と自信たっぷりに叫ぶ人も、「世界人権宣言」に記されている三〇項近い具体的な権利について何一ついえない、という状況は無くならないわけです。二元論では観念に終わってしまいます。

関係の中で学び関係の中で自己をつくる

近年「自尊感情」「自己決定力」「自分さがし」「自己存在感」とか、「エンパワーメント」(1)、「アサーティブネストレーニング」(2)、「セルフエスティーム」(3)、「ワークショップ」(4)など今までになかった用語が次々と使われるようになってきました。学習方法についても専門的な研究が進められてきました。

ここで大切なことは、何を強調しようとも、他者との何の関わりもないところで自己は形成されるものではありません。世間を遮断しての自己形成は、「餌を求めて歩き回る一匹の野良猫」に変わらなくなってしまいます。第一部で紹介しました「不登校の私に勇気をくれた『みすずコスモス』」の学生さんの場合も、集団の中に入れず、毎日学校のトイレにこもっていたわけですが、一冊の本と、その中の人物との関係の中で目覚めたと考えられます。

注

（1）概念や情報で満たされる容器にはならないこと。知識を受け取る容器にはならないということ。探求や批判的思考の絶え間ないプロセス（にある人）を大事にすることをいう。生き生きと自らを表現して、社会を変革するために立ち上がる力をつけていく過程とそのための働きかけ。

（2）自分が何を欲しているのか、どう感じているのかをまず認識し、それを相手に伝えるコミュニケーション・スキルのこと。相手の理解を得るような方法で自分を表現する力をつけるスキルのこと。

（3）自己に対する肯定的なイメージ。自尊感情、自己受容、自尊心……など。

（4）もともとは作業場のこと。ここでは、参加者自身が自らの知識や体験をもって積極的にかかわるスタイルの研修法をいい、頭で考えるだけでなく、身体も動かし、身も心もリフレッシュしながら学ぶ体験的参加型学習のこと。

さてこれまで「浄穢観」「序列観」「同調志向」のこだわりの克服を考えてきましたが、最後に「序列志向」と「同調同化志向」の関係について考えておきたいと思います。なぜなら、この二つは矛盾しているからです。一方で「序列志向」といいながら、他方で「同調同化志向」というのですから、確かに矛盾です。

この二つは明らかに矛盾する言葉です。だからといって間違いかというとそうではありません。どちらも確実にわれわれに存在している観念であることは今まで見てきたとおりです。

ではどう考えたらいいのでしょうか。実は矛盾に見えて矛盾ではないのです。つまり同質的に一様化されないところに序列はありえないということです。全く異質なものばかりが並んでいる所に序列をつけるとなったら困ってしまうのと同じことです。たとえば、人はみな個性のある一人一人違った存在のはずですが、そこに序列づけをしようとしたら、同質化が欠かせないことは当然のこととなります。二つの関係は矛盾どころか相互補完の関係でもあるわけです。

第四節　権利と義務について

一　人権とは何だったのか

三つの話題を紹介します。

一つは、数年前、公立中学校で生徒による教師殺傷事件が起こりました。例にもれずその時も、同じような事件があちこちへと広がっていきました。当然のこととして、学校にエアガンやナイフの持参を禁止しよ

う と所持品検査の実施が叫ばれたのですが、プライバシー侵害だと強い反論が上がりました。
その模様を記した平成一〇年二月三日の朝日新聞記事を、八木秀次氏は『反「人権」宣言』(ちくま新書)の中で紹介しています。同記事は大阪版にはないので、東京版でしょうが、こういう内容のものです。

あるとき生徒との間で次のような会話があったという。

「危ないよ、どうしてそんなもの持ってるの?」

「別に。ロープ切ったりとかするだけだし」

チャッと音を立ててバタフライナイフが開いた。

「それ、こわいよ、持ってくるのやめてよ」

「おれが何かすると疑ってるわけ?　それって人権侵害じゃん」

これで生徒とのやりとりは途絶えた。この教師は「人権――。教員は、この言葉にどれだけ困っていることか」と嘆息したと、この記事は伝えている。――

学校側は在校生が教師を刺殺するという凶行に及んでも、やはり「人権」を理由に所持品検査をためらったのである。


このように八木氏は述べておられます。

二つ目はあるアンケートの結果です。私の実施したものですが、アンケートの内容は、雑誌『部落解放』で紹介されていた阿久澤麻理子先生のものをそのまま使わせていただきました。

アンケート内容と解答は次の表のとおりです。

質問①　「これからの人権教育は、権利だけでなく、義務についても十分に教えるべきである」という意見に対して――

回　答

	そう思う	そうは思わない	どちらともいえない
県市同推協関係	八一％	一〇％	九％
県行政関係者	六九％	二五％	六％
学　生	七五％	四％	二一％

質問②　「人権教育では、権利が何かということよりも、人への思いやりを教えることが大切である」という意見に対して――

回　答

	そう思う	そうは思わない	どちらともいえない
県市同推協関係	六七％	一九％	一四％
県行政関係者	六一％	一八％	二一％
学　生	五三％	一二％	三五％

三つ目は平成一〇年の七月三〇日に出されたという、東京都児童福祉審議会の「新たな子どもの権利保障の仕組みづくりについて」と題する意見具申ならびに平成一一年四月二日に出されたという「子どもの権利保障」と題する答申で、その内容を憂えた一人の都議員が雑誌『正論』(平成一四年三月号)で反論を行っています。

例えば、子どもが遊びから帰ってきて、母親が「さあ、手足が汚れているから洗ってきて。じゅうたんが汚れるよ」などと注意するのは、『児童の権利条約』の趣旨からはずれている。子どもの遊ぶ権利を侵害している。

「勉強をしろ」というのは、「健康を享受する権利を侵害する」ことである。「医学部に行きなさい」と進路指導するのは、親が自分自身の価値観を押し付けることだから、権利条約侵害である。その他数多く答申文の内容を紹介しながら反論されています。

そして、筆者は、「教育現場では、今や〈子どもの人権〉〈子どもの権利〉は巨大な力となって学校現場に君臨している。教師たちは、職員室で〈なんでこんなに生徒にチヤホヤしなきゃならないの?〉などと冗談をいっている。誤った人権感覚が学校現場に混乱をもたらしているのだ」と述べ、児童の権利条約の解釈から徹底的に討論しようじゃないかと結んでおられます。

このように見てみますと人権とはそもそも何であるのか改めて考え直してみなくてはなりません。

先の『反「人権」宣言』では、人権概念の歴史的経緯を詳しく解説されていて、人権の教育を志向しているものには、歴史の真実はあまりにも醜く、「人権教育の推進」など愚の骨頂とさえ思われてきます。フランス革命に始まったとされる「人権」の用語は、なるほど歴史を振り返ってその意味を知る時、「二一世紀は人権の世紀」などと甘いことをいっておられないほど醜いものであることも分かります。

氏はこう述べています。

●人権について、マルクス、ラートプルフ、アレントと、それぞれ思想的な立場を超えて彼らが共通に指摘しているのは、①利己的で打算的で狡猾であるという意味で自己利益追求的であり、②共同体から切り離されて孤立し、自己に局限されたという意味で個人主義的であり、③一切の社会学的束縛に拘束されることがないという意味で反共同体的反結社的であり、④自らが価値の基準であるという意味で自己中心的、このような人間像である。

●「道徳」が人の心の働きを規制する性質のものであるのに対して、「人権」は逆に人の心の働きを解き放つ性質を持っているが、問題は「人権」が、主張の内容を問わず、単に欲望だとか本能だとかのレベルに止まるような「願い」をも肯定してしまうことにある。

●何より権利とは、正しさ、正義を力でもって勝ち取るという「闘争の論理」を前提とした概念である。

●人権は否応なくエゴイズムを是認し、またそればかりか歴史を否定し、家族や学校などの共同体を解体に導き、秩序を混乱させるような政治的主張をも肯定するものである。

「その意味では、ナイフを振り回しつつ、それを注意されると〈人権侵害〉の声をあげる子どもたちは〈人間の権利〉としての〈人権〉概念の申し子といってよいだろう。彼らは心の中に〈制約の原理〉を持たず、ただただ自分のやりたいことを素直に口に出し、行動に移しているだけである。しかし、人権の立場から見れば、彼らは何も間違ったことをしているわけではない。彼らは〈人権〉イデオロギーの体現者であり、〈人権〉教育の優等生なのである」と筆者はいうのです。

衝撃ではありますが、歴史的に見た「人権」は確かにそういう解釈と利用があったことに間違いはありません。だから、長谷川三千子女史もまた、『民主主義とは何なのか』（文藝春秋、二〇〇一年）の中で、「民主主義や人権が、輝かしい原理にまつりあげられたのは、第一次大戦以後のことで、民主主義など二度の大戦では〈戦勝国の原理〉に過ぎなかったのだ。人権についても〈人権―この悪しき原理〉」と警鐘的です。

今日のわれわれは、「民主主義」も「人権」も、普遍的な権威を持つものとして疑うことをしませんが、普遍であるとしたら、なぜ普遍であるのか、どこが普遍なのか考え直してみなければなりません。

八木氏のいわれるような人権概念を取るとしたら、人権教育など即座にやめてしまうべきだと思います。しかし果たして、それが人権概念なのでしょうか。

二　正義の女神は剣とはかりを持つ

「権利」にあたる英語は“RIGHTS”です。ドイツ語も語源が同じですから“RECHT“といいます。そして、ドイツ語のレヒトは「正義と法律と権利」という三つの意味を表します。つまり正義はレヒトといい、法律もレヒトといい、権利もレヒトというわけです。しかも第一義は、正義です。英語の Rights も正義と権利を意味します。

日本語では、三つの言葉を使っているのですが、これが本来は一つのものだとすれば、何か権利の意味あいも広がってくるようにさえ感じられます。ここに重要な理解のヒントがあるように思われます。

長谷川女史はＮＥＤ(New English Dictionary)の説明を次のように紹介されています。

「何かを所有したり得たり行ったりするについて、法的、または道徳的根拠にもとづいて正当と認められる要求」である。

ＡＣＤ(American College Dictionary)を見ますと、「法律もしくは規則もしくは道徳にもとづく、正当な要求または資格」「正当な要求によって誰にでも与えられるもの」と説明されています。

ここからは、「ナイフを振り回して周りに恐怖を与えること」が権利だなどとはとうてい考えられません。

ギリシャ神話の正義の女神テーミスは、左手に善悪をはかる天秤を持っています。右手には剣を持っています。女神は目隠しをしていますが、これは公正無私な裁きのしるしともいわれます。

テーミスは正義と秩序の守護神ともされてきました。ここにも大切なことがらを暗示されています。

権利とは正義のことであることは否定できません。そして正義とは、決してあるがままが正義であるとはいえません。必ず「はかり」が伴うものです。フランス革命が犯したように、何の制約もないものが権利とは考えられません。

フランス革命の特色であるといわれる反宗教的な傾向は、パリ市内で教会や修道院への襲撃、乱入という非道を生み出したといわれます。国民がたとえどんな意思を持とうとも、欲するままでよしとするものでした。「国民主権」といわれたものも闘争的な概念であり、「抑制装置を取り外した力の概念」といわれます。つまり、むき出しの傲慢さによって導かれていたわけです。こんなものが、どうして正義としての権利だといえるのでしょうか。歴史はそうであったとしても、二一世紀が志向する「人権の世紀」は、こんなものに惑わされず、豊かに創造していかなくてはなりません。

三　「義務」は「権利」の対峙語ではない

それにしても、どうして「義務」が「権利」の対峙語とされるのでしょうか。これは間違っています。モラルや法や規則などを根拠とする要求が、むしろ人類が、古来より追求してきた「権利」概念であったはずです。そして、それこそは「正義」であったはずです。義務が反対語だとしたら、義務は、モラルや法や規則や正義の反対となるものであって、道徳性も公正さも正しさもないものとなってしまいます。そんな義務とは、いったい何なのでしょうか。道徳性や公正さや正しさがあるからこそ、人間の「義務」ではないのでしょうか。

　ところがどうしたことでしょうか。この過失を権威あるわが国の『広辞苑』は行なっているのです。開いてみてください。「権利」の項目の末尾に、「↔義務」とあります。「↔」は対語・反義語と説明されていますから、完全に反対の意味概念となります。

　これこそ日本人が、「正義」と「法律」と「権利」というふうに、別々の用語を持ったことにより、権利の正確な意味内容を、いつも曲解してしまう理由ではないでしょうか。あるいは、歴史の一面を強調しているのでしょうか。『広辞苑』にしてこの有様ですから、権利とはわがままな自己主張のように解されてしまうのも無理からぬことといえそうです。そして、これではフランス革命時ともすっかり重なってしまうことになります。「権利と義務」と並べて用いるのは、ちょうど「自由と平等」と表現するのと同じようなことであって、対立的でも対峙的でも対語的でもないことは、今さらいうまでもないことです。

こうなると、人権とは何なのか、私は次のように概念規定をしてみたいと考えます。

人権とは、一人一人に授けられたいのちの尊厳であり、訴えや主張や行為の正当性である。

それは、侵したり、侵されたりしてはならないもの、侵されたらとり戻すべきものである。

〈いのちの尊厳〉とは、怠り無く守り、磨き、発展させるべき責任と義務を負っているものであり、〈訴えや主張や行為の正当性〉とは、その良心と正しさが常に問われ吟味された正義にもとづくものでなくてはならないものである。

権利が自我の欲求のままだとするなら、人権教育など行う必要もありません。人権教育どころか不安と混乱と暴力ばかりがつのるばかりとなります。歴史はそれを示しています。イギリスの革命は、とめどもない迷走ぶりを露呈したフランス革命とは違って、古くからの歴史と伝統と憲法を大事にしたといわれます。歴史も伝統も宗教も、共同体も先祖も慣習も、道徳倫理も無視してしまった「権利概念」などは、むしろ人間の否定であり、いのちの尊厳に対する冒瀆といわなくてはなりません。水平社宣言の心をも冒瀆するものです。

四　人権教育は何を主眼にするべきか

先に概念規定の中で、「いのちの尊厳」と、「訴えや主張や行為の正当性」の二つをあげました。

「いのちの尊厳」は、人権の中心であり、誰にも侵されず、侵してもならないものです。日本人の「いのち観」については、前節でも触れましたが、梅原猛氏も「日本人にとって存在するものはすべて生命あるものであり、この生ける生命のあらわれが自然であり、人間もこの自然の生命と同じ生命を宿しつつ、自然の中に生きてる。この生命としての自然の原理、自然として存在させる霊妙ないいがたい力を日本人は神として崇拝したのである」といわれるように、それはまさにいのちあるものへの崇敬、畏敬、慎みの念にほかなりません。それは日本の大乗仏教や神道の思想でもありました。すべての存在を生きとし生けるいのちの存在と見る私たちは、人格中心のヨーロッパのヒューマニズムとは異にするとはいえ、ヨーロッパ社会に目を向けてみましても、たとえば一五七六年のジャン・ボダン（フランス）の著書『国家論』によると、この世の国家における最高の力の持ち主も、世界中のすべての支配者に対する絶対的支配者である神の命令―神法・自然法―には必ず従わなければならず、もしもそれに違反するようなことがあれば、たちまち神罰が下るといわれています。そのことは、一七七六年のアメリカ独立宣言には「創造主から与えられる一定の不可譲の天賦の権利」、一七八九年のフランス人権宣言では、「人間の自然的で譲渡できない神聖な諸権利」という表現がなされています。王権神授説とか天賦人権説といわれるのも同じことです。

このように自然と呼ぼうと神と呼ぼうと、主権も人権も、絶対なるものからの授かりであるという理解こそ、人類の歴史に学ぶ貴重な財産ではないでしょうか。

しかも、こうした自然や神の授かりであることを自覚することは、まさしく宗教的であり、宗教そのものであるともいえるのではないでしょうか。だから、巨匠エドゥアルト・シュプランガーも、「真正な民主主義の決定的な基礎に属するものは、おのおのの人間が政治的には〈人権〉にその表現を見出すように、おのおのの人間のたましいの無条件的な価値の承認である。しかし人権は、はっきりとその核心として信仰の自由と良心の自由への要求に由来している。それは人権の取り消せない〈形而上的基盤〉である」と述べています。尊いいのちであれば、われわれはそれを損なうことは許されないし、それればかりか磨いていく義務と責任があるわけです。そのことが現代科学のアプローチからもいえることは、先の遺伝子学のところで見たとおりです。

「いのちの尊厳」を深く認識することこそ人権教育の最も重要な目標でなければならないと考えられます。

今ひとつの人権の重要な柱である、「訴えや主張や行為の正当性」について、長谷川女史は先の『民主主義とは何なのか』の中でこう語っておられます。

ボダンの**国家論**に限らず、ほとんどすべての古今東西の王権神授説（あるいはそれに類したもの）においては、〈正しさへの義務〉と〈根拠付け〉とが一対になって結びついている。――この〈正しさへと義務づけるもの〉が捨て去られる時、ボダンの主権の定義は確かに危険なものとなりうる。――ボダンの国家理論前提の枠組みをはなれて一人歩きし始める時、そこには暴走の危険がつきまとうことになる。現に**国家論**出版の二百年ほど後に暴走が起こり、主権の概念はきわめて闘争的な概念に変身したのである。

つまり、権利や人権が「闘争の原理」だけであってはならないことを歴史は十分に示してきたはずです。訴えや要求や主張は抑圧されてはならない。しかし、必ず「正しさへの義務」が同時に伴っているものであることに注意しなくてはならない。権利や人権は、八木氏が紹介されているように、「人権は個人の意思に何の制約の原理も働かせることなく、そのまま正しさのお墨付きを与えてしまう概念である」とか、「何が正であり何が不正であるかの基準を与えるのは——人間それ自体であって、神の戒律でも自然法でも伝統によって聖化された過去の慣習や道徳でもない云々」などというものであってはなりません。

先ほどのE・シュプランガーは『教育学的展望』(村田昇・山邊光宏訳、東信堂、一九八七年)の中で、「今日強調されている人権の宣言とは、本来、われわれが少なくとも倫理的当為の経験によって分かちがたく結ばれているあの形而上的なものの範囲に、必然の範囲が永遠に従属しなければならないということを、法律的・政治的にいい表したものにすぎない」と述べていますが、よくよくかみしめたいところです。ここで「必然の範囲」とは、われわれが従わざるを得ない外的な法則や原理を意味しているといえましょう。

さてそうすると、人権教育で何が大切となるかは自明のことですが、訴えとともに「正しさへの義務」や「根拠づけへの義務」を果たさなくてはなりません。決して「権利概念」の外側に「義務概念」があるのではなくて、権利概念自体の中に「義務概念」も包含しているものと考えなくてはなりません。

だから人権教育は、自らの訴えや主張や要求とともに、その要求が正義であるかどうかを吟味する力をつけることであり、そのためのスキルであるといわなくてはなりません。そして吟味するためには客観的な価値としての歴史・伝統・宗教・慣習・道徳を無視することはできません。

「人権」や「権利」は決して悪の原理でも、「闘争だけの原理」でもないはずです。

今日、人権概念がとめどもない混乱状態を生ぜしめているというのは何が原因なのでしょうか。「二一世紀は人権の世紀」とか「現在の最大の課題は環境と人権だ」とか「人権教育の推進」という中で、「人権尊重の理念を理解しよう」などとコマーシャル的に繰り返しているのではなくて、今こそ人権概念の根底からの意味を再認識する時ではないかと考えます。

主要参考文献

『日本文化のかくれた形』加藤周一・木下順二・丸山真男・武田清子著(岩波書店、一九八四年)
『主客一如』近藤道生・尾関宗園・尾関紹保著(金融財政事情研究会、一九九五年)
『カーストの絶滅』B・R・アンベードカル著、山崎元一訳(明石書店、一九九四年)
『日本仏教史古代』速水侑著(吉川弘文館、一九八六年)
『「部落史論争」を読み解く』沖浦和光著(解放出版社、二〇〇〇年)
『ケガレ』沖浦和光・宮田登著(解放出版社、一九九九年)
『日本の聖と賤　中世、近世、近代』沖浦和光・野間宏著(人文書院、一九八六年)
『アジアの聖と賤』沖浦和光・野間宏著(人文書院、一九八六年)
『東洋人の思惟方法』中村元選集第三巻(春秋社、一九六二年)
『人間の権利』村井実著(講談社現代新書、一九六四年)
『よみがえる部落史』上杉聰著(社会思想社、二〇〇〇年)
『被差別の生活と文化史』川元祥一著(三一書房、一九九一年)
『日本文化の変革』川元祥一著(解放出版社、一九九六年)

『部落差別を克服する思想』川元祥一著（解放出版社、二〇〇一年）
『和人文化論』川元祥一著（御茶の水書房、二〇〇五年）
『身分差別社会の真実』斎藤洋一著（講談社現代新書、一九九五年）
『部落史資料選集』古代中世篇（部落問題研究所編、一九八八年）
『部落史の再発見』部落解放研究所編（解放出版社、一九九六年）
『日本文化の深層を考える』網野善彦・塚本学・坪井洋文・宮田登著（日本エディタースクール出版部、一九八六年）
『反「人権」宣言』八木秀次著（ちくま書房、二〇〇一年）
『民主主義とは何なのか』長谷川三千子著（文藝春秋、二〇〇一年）
『法華経講話』山口圓道著（朱鷺書房、一九八五年）
『ケガレ意識と部落差別を考える』辻本正教著（解放出版社、一九九九年）
『美と宗教の発見』梅原猛著（筑摩書房、一九六七年）
『あの世と日本人』梅原猛著（ＮＨＫ出版、一九九六年）
『文科の時代』渡部昇一著（文春文庫、一九七八年）
『日本史から見た日本人』古代編　渡部昇一著（祥伝社、一九八九年）
『教育学的展望』E・シュプランガー著、村田昇訳（東信堂、一九八七年）
『心の教育の充実を求め』村田昇著（同朋社、一九九八年）
『江戸時代の差別観念』中尾健次著（三一書房、一九九七年）
『人間を幸福にしない日本というシステム』カレル・ヴァン・ウォルフレン著、篠原勝訳（毎日新聞社、一九九四年）
『憲法かく論ずべし』伊藤哲夫著（日本政策研究センター、二〇〇一年）

第三部　資料編

資料1　学校教育における人権教育の取り組み

滋賀県教育委員会発行（2001年）

人権教育指導資料集『子どもが輝くとき』PARTⅡから

人権教育の構築をめざして
――その考え方や手法について大切にしたいこと――

世界の人権教育から学ぶものとして、「エンパワメント」(1)の教育としての取り組みがあるが、これは同和教育の取り組みでもあった。また、このことは日本で最初の人権宣言とも言われる「水平社宣言」にも色濃く表現されているし、自主活動学級や識字学級の取り組みにも明らかである。

これまでの同和教育の実践においては、差別や人権侵害にウエイトをおいた取り組みがなされる傾向があった。しかしながら、人権は差別の問題だけではない。今後は、差別の現実に深く学び、様々な人権問題の解決をめざす実践的態度の育成に加えて、例えば他者との出会いを肯定的にとらえ、多様な価値観や生き方に出会うことで自分をより豊かにしていくというような、人権について幅広く総合的にとらえていく取り組みが必要である。

人権教育は、すべての子どもたちが自分らしさを発揮し、自分のよさを積極的に表現することができる、また、自分が認められていると実感していく中で、自尊感情を高め、自分も他人も大切だと考えることのできるような、お互いの違いを認め合い、支え合いながらともに生きていくための「自立」と「共生」をめざす教育ともいえる。

人権教育は、すべての人の豊かな人間性を培い、生きる力を育む教育として展開していかなければならない。

次に、先に触れた地対協意見具申には、人権教育・啓発の手法として大切にしたいこととして、「教育および啓発の手法には、法の下の平等、個人の尊重といった普遍的な視点からアプローチしてそれぞれの差別問題の解決につなげていく手法と、それぞれの差別問題の解決という個別的な視点からアプローチしてあらゆる差別問題の解消につなげていく手法があるが、この両者は対立するものではなく、その両者があいまって人権意識の高揚が図られ、様々な差別問題も解消されていくものと考えられる。」と示されている。

これらの手法は、本県がこれまで同和教育で取り組んできた実践的課題の追求の手法と相通じるものである。そうしたことから、これまでの同和教育の取り組みを「深め」、「広げる」という観点で考えてみると次のようになるであろう。

(1)　外的な抑圧に屈することなく、本来あるべき対等な関係を築き、人間として誇りを持って生きること

(1) 同和問題をはじめとする様々な人権問題を学ぶための基礎となる力を育てる

ア　豊かな人間性を培う。

・人間理解の深化では先ず自己を知ること。意志、感情、行動について学ぶこと。自分の長所、短所を含めありのままの自分自身を肯定的にみる自尊感情(セルフ・エスティーム)を培う。

・豊かな感性を育成するため、命の大切さ、人間の尊厳、人間らしい生き方を学ぶ。

・体験的活動やボランティア活動を行うことを通して豊かな感性を培う。

イ　民主的な集団と自主･自立性を育てる。

・民主的な集団づくりの中で、互いに認め励まし合う人間関係を醸成したり、学級に起きている諸問題を解決する取り組みを通して民主的な集団づくりに努める。

・基礎学力と生活の向上の取り組みでは、自ら考え学ぶ主体的な活動を通して自主･自立性を育てる。

ウ　社会についての正しい見方・考え方を育てる。

・人間の生きる姿、生き方について考えを深めるために人権獲得の歴史の学習、日本の文化や慣習と行動規範、世界の国と文化について学ぶ。

・「違い」を「違い」として認め、「ともに生きる」生き方の定着をめざす。

　様々な人権問題を学ぶための基礎となる力としては、これだけではないだろうが、以上のような力が基本的な力となると考えられる。こうした力を育てるための学習方法は、普遍的な視点からのアプローチと言えるであろう。

(2) 同和問題をはじめとする様々な人権問題についての科学的な理解・認識を深め、自己変革につなげる

ア　差別を見抜く力を養い差別の現実を直視するとともに、人権侵害は人生を大きく変え、人の心に深い傷を与える非人間的・不合理なものであることの認識と感性を養う。

イ　差別と闘う人々の姿や歴史を通して、人間のたくましさや豊かさ、温もり等を学び、人間の尊厳と歴史の発展についての認識を深める。

ウ　人権侵害を容認したり、それを温存･助長する人間の意識や社会構造を学ぶことによって、その要因や背景を明らかにしながら、自らの生き方と結んで、解決に向けての実践的態度を培う。

資料1-(2)

ここにあげた観点は、部落問題学習で大切にしてきたことであるが、このことは、すべての人権問題の学習においても大切にしたいことである。すなわち、「差別の不合理性」「人間の尊厳」を学ぶことで「自己変革」をめざしていくプロセスは、他の人権問題の学習にも通じるものといえるのである。この学習方法は、個別的なアプローチをしてあらゆる差別問題の解決につなげていく方法であるといえるだろう。

人権教育を構築していくために大切にしたいこと

人権教育推進の手法として上記の二つのアプローチがある。人権教育が、すべての人の豊かな人間性を培い、生きる力を青年育む教育であるとすれば、それは、子どもたちが友だちや指導者とともに学び合い、活動し、自分がかけがえのない一人の人間として大切にされ、頼りにされていることを実感でき、存在感と自己実現の喜びを味わえるものでなければならない。

こうしたことから、今後、人権教育を具体的に進めるうえでは、次のようなことを大切にしていきたい。

(1) 子どもの主体的な学びを大切にしていく

教育には教える側面と育てる側面とがあるが、指導者は、この両面を大切にすることが重要である。特に、学習者が学びを通じてどのように育ったかという「育てる」側面に留意しなければならない。人権をくらしのあらゆる場面で具体的にとらえることを通して、子どもたちが自ら自分の生活と結びつけながら、主体的に学んでいくという過程を大切にしていきたい。

(2) 人とかかわる力を育てていく

子どもたちの生きる力を育むうえで特に大切にしたいのは、子どもたちが自ら問題に気づき、主体的に考え、正しく判断し、行動していくことである。このためには、子どもたちに自然や社会事象にかかわっていく力、とりわけ人とかかわる力を高めていくことが不可欠である。

人権は、人が人とのかかわりの中で社会的存在として生きていく中で具体的な意味を持ち、また課題となる。こうした点で豊かな人間関係の基礎を成すコミニュケーション能力など「スキル」の育成が重要となる。

(3) 教材の開発を進めていく

子どもたちの意識や生活に身近な地域素材の教材化を図っていくことは、子どもたちが自分と地域の自然や人物とを結びつけて、具体的に理解していくうえで大変効果的である。

同和教育の取り組みの中では、「差別の現実に学ぶ」ことや、「子どもの生活に身近な差別事象の教材化により自分の生活とつなぐ」ことを大事にしてきたが、今後もこうした点に留意しながら、子どもの感性や心情に訴える教材の開発や、地域の人材を効果的に活用していくことを進めていきたい。その際、子どもの発達段階に応じた指導の系統性を持たせることが大切である。

(4) 体験的な活動を重視していく

人権についての学習では、知的な理解にとどまるのではなく、様々な手法を取り入れ、自分の生活と結びつけながら、身近な地域で具体的な体験を通して学んでいく活動を大事にしていきたい。

また、子どもたちの生活の中にある「いじめ」などの問題と、社会の様々な人権問題とを関連づけながらその不合理性を認識させたり、学級や学校の中で、弱い立場に置かれている子どもたちに焦点をあてた取り組みを推進していくことが大切である。

フィールドワーク、聞き取り学習、ボランティア活動、交流活動、各種ネットワークづくりの推進等の活動の中に、子どもたちが主体的に選択、判断、自己決定できる場を取り入れ、みんなとともに取り組める学習を進めていきたい。

またこうした活動の中で、子どもたちの「自己表現力」二「コミュニケーション能力」、「アサーティブネス」(2) などの「人権についてのスキル」を獲得させるとともに、子どもたちの「自尊感情」を高めていきたい。

(2) 相手を傷つけないで自分の考えを述べること、非攻撃的自己主張

(5) 集団づくり、生活・学習環境づくりを進めていく

子どもたち一人一人のくらしをつなぎ、子どもたちがともに学び、ともに育つ生き方を追求していく中で、『「安心」、「自信」、「自由」』(3) が保障された、いつでも本音で語ることができる、存在感のある「心の居場所」としての集団づくりや学習環境づくりが重要である。

また集団の中で、子どもたち一人一人に対する受容的な人間関係をつくりあげていく教育相談的な考え方に立った学習環境づくりが大切である。

(3) CAP(Child Assault, Prevention、子どもへの暴力防止プログラム)の主張する考え

(6) 開かれた学校づくりをめざしていく

子どもたちに広く様々な地域や世界を見とおす視点を体得させることは、子どもたちが広い視野で人や物や自然とのつながりを認識していくうえで重要である。

また、地域に開かれた学校づくりをめざすことにより、地域の人や自然との出会いを通して子どもたちの価値観や認識世界を豊かにしていくことにつながる。

開かれた学校づくりの中では、子どもの成長・発達を見通してきめの細かい関係校・囲および地域・家庭・保護者との連携や協力体制の確立をめざしたい。

資料2 社会教育における人権教育の取り組み

すべての人が誇りをもって生きられる。
「生きていてよかった」と思える。
みんなの力で、そんなステキなまちにできたらいいな。

人権ふれあい塾、開講！

受講生を募集します

同和問題をはじめ、あらゆる差別をなくそう
人権ふれあい塾で気づきあい、学びあおう

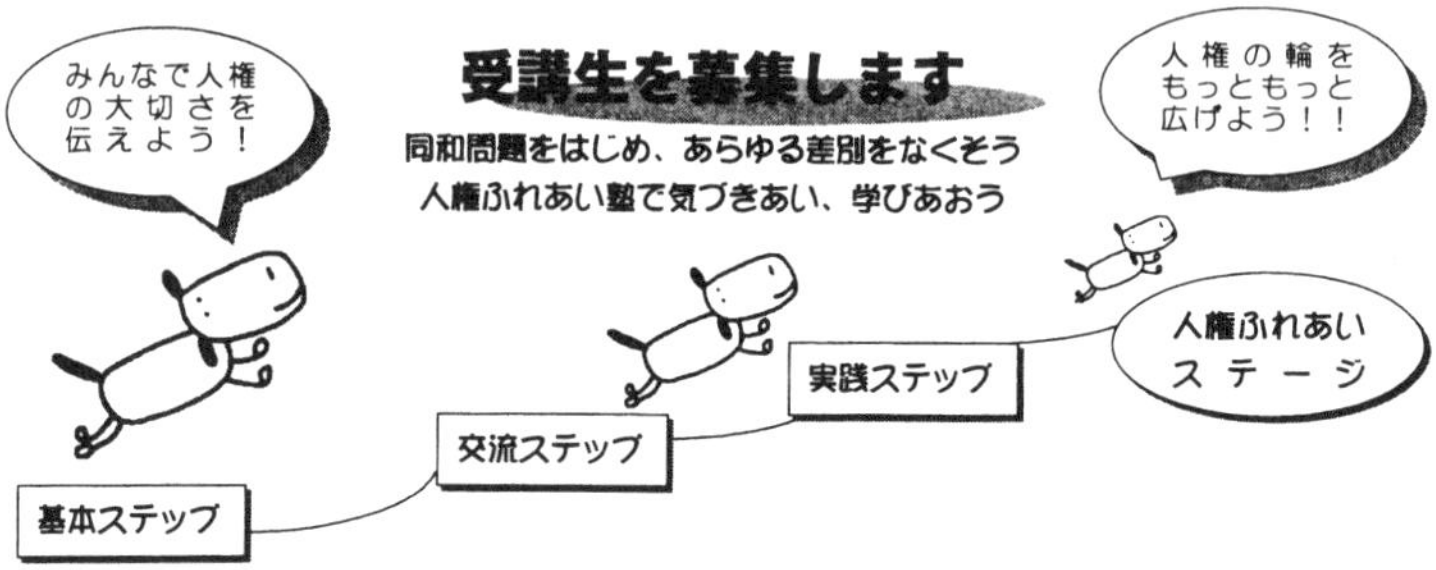

●募集対象　彦根市内および近隣に在住・在学または在勤の方
●開講期間　平成１３年7月5日（木）～１０月２７日（土）
約４ヶ月間で１１回開講します。詳しい内容はチラシの中をご覧ください。
●主　　催　彦根市教育委員会
●修 了 証　１１回のうち、7回以上出席された方に修了証をお渡しします。
●申込方法　申込書、またはハガキに住所・氏名・電話番号・実践ステップの希望コースをお書きのうえ、郵送してください。電話・ＦＡＸでもお申し込みいただけます。
●申込締切　平成１３年6月２７日（水）
※　ただし、定員の５０名に達した場合は、締め切らせていただきます。
●受講申込・問い合わせ先　〒522−0001　彦根市尾末町１番３８号
彦根市教育委員会事務局　同和教育室
TEL　(0749) ２４−７９７１　内線 49･50
FAX　(0749) ２３−９１９０

きりとり線

人権ふれあい塾受講申込書

住所　〒　　−

氏名

連絡先　Tel.（　　）　−

A　地域リーダーコース
B　参加型体験学習コース
C　紙芝居コース
D　音楽コース
E　演劇コース

実践ステップの希望コース　［　　コース］

（★よろしければ、第２希望もお聞かせください。　［　　コース］）

●開講の日程

基本ステップ

ﾚｯｽﾝ	開　講　日	内　　　　容	時　　間	場　　所
1	7月　5日(木)	部落のはじまり（古代〜中世）	19：30〜21：30	南地区公民館
2	7月12日(木)	近世の部落（安土桃山〜江戸時代）		
3	7月19日(木)	近代の部落（明治〜大正時代）		
4	8月　2日(木)	戦後のあゆみと現代の課題		

交流ステップ

ﾚｯｽﾝ	開　講　日	内　　　　容	時　　間	場　　所
5	8月10日(金)	グループごとの交流会など	19:30〜21:30	南地区公民館

実践ステップ

ﾚｯｽﾝ	開　講　日	場　　所	Aコース	Bコース	Cコース	Dコース	Eコース
6	8月22日(水)	ひこね市文化プラザ	視聴覚室	第2研修室	第2研修室	第2ﾘﾊｰｻﾙ室	第1研修室
7	9月　5日(水)	〃	視聴覚室	第2研修室	第2研修室	第2ﾘﾊｰｻﾙ室	第1研修室
8	9月19日(水)	フィールドワーク		東山会館	広野会館	東山会館	広野会館
	9月22日(土)		広野会館				
9	10月　3日(水)	ひこね市文化プラザ	視聴覚室	第2研修室	第2研修室	第2ﾘﾊｰｻﾙ室	第1研修室
10	10月17日(水)	〃	第2研修室	特別会議室	第3研修室	第2ﾘﾊｰｻﾙ室	和室研修室

※時間は19：30〜21：30まで。9月22日（土）のみ14：00〜16：00

人権ふれあいステージ

ﾚｯｽﾝ	開　講　日	内　　　　容	時　　間	場　　所
11	10月27日(土)	実践ステップの練習発表など	14:00〜16:00	南地区公民館

●会場のご案内

南地区公民館	〒522-0046	彦根市甘呂町1321−1	(0749)-25-5177
ひこね市文化プラザ	〒522-0055	〃　野瀬町187−4	(0749)-26-8601
東山会館	〒522-0022	〃　里根町163−1	(0749)-23-3582
広野会館	〒522-0236	〃　犬方町848−1	(0749)-25-0164

資料2-(2)

基本ステップ　人権問題ってなに？　部落のはじまりから現代の課題まで、歴史を振り返りながら、なぜ今もなお差別が残っているのか、わたしたちは今、何をすべきなのかを考えます。

講師　さん

「差別と人権の歴史」①〜④

交流ステップ　受講生のふれあいを深めるなど、実践ステップに進むための準備をします。

実践ステップ　人権の大切さを伝えるための実践活動。ここで希望コースに分かれます。C〜Eのコースは、「人権ふれあいステージ」づくりに取り組みます。

A　地域リーダーコース「輝く地域をつくろう！」

講師　さん

人権問題の解決に欠かせない存在、地域リーダー。講義、参加型体験学習、フィールドワークなど、充実したプログラムで、輝く地域をつくるリーダーに必要な人権感覚をみがくことができます。

B　参加型体験学習コース「めざせ！ワークショップの案内人」

講師　さん

はじめてワークショップの案内人（ファシリテーター）を体験する方のためのコース。基本的なワークショップの技について話し合いながら演習をすすめ、実践に役立つレベルをめざします。新しいワークショップを一緒に考えてみませんか。

C　紙芝居コース「人権の大切さを伝えよう」

講師　さん／　さん

人権をテーマにした紙芝居をします。紙芝居を演じたことがない方も、講師がわかりやすく案内しますので、楽しく学んでいただけます。短い紙芝居を作る。紙芝居を演じてみる。あなたのスタイルで紙芝居に親しんでください。そこから気づいたこと、感じたこと、あなた流の紙芝居で伝えてみませんか。

D　音楽コース「人権の大切さを伝えよう」

講師　さん

やさしい気持ちになれる曲、心に訴えかける曲など、人権をテーマにした曲を練習します。「あまり音楽にふれていない」という方も、何かを伝えようとする気持ちがあれば、きっと届きます。音楽が大好きな方はもちろん、そうでない方も、一緒に歌や演奏で人権の大切さを伝えませんか。

E　演劇コース「人権の大切さを伝えよう」

講師　ファミリー劇団　座・クレヨン　さん

「演劇なんてやったことがない」という初めての方も楽しめる、朗読劇からはじめます。配役を入れ替えながらセリフの練習をしたり、簡単な動きをつけてみたり。自分が演じることで、「相手の立場になって考える」ということをより深く体験できます。あなたの気づいたこと、感じたこと、演劇で伝えていきませんか？

人権ふれあいステージ　各コースごとに、実践ステップで学んだことを発表します。みんなで交流しあい、人権の輪が広がるステージをめざします。

平成１３年度　人権ふれあい塾　受講生募集要項

1．趣　　旨　２１世紀の幕開けとともに、より豊かな人権感覚をみがきながら同和問題をはじめとするあらゆる人権問題の早期解決をめざす人の輪を広げていくことが求められています。この事業では、基本ステップで人権尊重に関する基本的な知識を得ていただき、次の実践ステップでは感性に訴えかける啓発手法などを学びあっていただきます。さらに、「人権ふれあいステージ」として、人権ふれあい塾のなかで習得した実践的な活動の成果を発表しあって交流と理解を深めていただきます。地域や職場等の中で人権尊重の輪を広げていく人材を育成し、住みよいまちづくりをみんなの力で築きあげることを目的として実施します。

2．主　　催　彦根市教育委員会

3．募集対象　彦根市内および近隣に在住・在学または在勤の方

4．講座の内容および日時・会場

<基本ステップ>　差別と人権の歴史や現代に残る課題を学び、今何をすべきなのかを考えます。

「差別と人権の歴史①〜④」　講師：　　　　　さん

１９：３０〜２１：３０　南地区公民館

レッスン１　７月　５日（木）　部落のはじまり（古代〜中世）
レッスン２　７月１２日（木）　近世の部落（安土桃山〜江戸時代）
レッスン３　７月１９日（木）　近代の部落（明治〜大正時代）
レッスン４　８月　２日（木）　戦後のあゆみと現代の課題

<交流ステップ>　受講生のふれあいを深めるなど、実践ステップに進むための準備をします。

グループ名の決定、役割分担、交流会など

１９：３０〜２１：３０　南地区公民館

レッスン５　８月１０日（金）

<実践ステップ>（５つの中から選択）　人権の大切さを伝えるための実践活動に取り組みます。

Ａ　地域リーダーコース「輝く地域をつくろう！」　講師：　　　　さん
Ｂ　参加型体験学習コース「めざせ！ワークショップの案内人」　講師：　　　　さん
Ｃ　紙芝居コース「人権の大切さを伝えよう」　講師：　　　　さん／　　　　さん
Ｄ　音楽コース「人権の大切さを伝えよう」　講師：　　　　さん
Ｅ　演劇コース「人権の大切さを伝えよう」　講師：　　　　さん

１９：３０〜２１：３０　ひこね市文化プラザ　他

レッスン６　８月２２日（水）
レッスン７　９月　５日（水）
レッスン８　９月１９日（水）※ただし「Ａ　地域リーダーコース」のみ９月２２日（土）
レッスン９　１０月　３日（水）
レッスン１０　１０月１７日（水）

<人権ふれあいステージ>　各コースごとに、実践ステップで学んだことを発表し、交流を深めます。

「学習発表・交流会」

１４：００〜１６：００　南地区公民館

レッスン１１　１０月２７日（土）

5．修了証交付　１１回中、７回以上出席された方を対象とします。

6．申込方法　（１）申込書、またはハガキに住所・氏名・電話番号・実践ステップの希望コースを記入のうえ、郵送してください。
（２）電話での申し込みは午前８時３０分〜午後５時１５分（土・日・祝日は除きます。）

7．申込締切　平成１３年６月２７日（水）
※　ただし、定員の５０名に達した場合は、締め切らせていただきます。

資料2-(4)

資料3　事業所における人権教育の取り組み

2000年度　彦根Ａ社　人権問題啓発推進状況

2001.2.7
○○株 △△工場

基本方針：啓発・研修活動を通じて、１人ひとりが正しい理解と認識の上に立ち、人権尊重の立場を基本とする、明るい職場環境作りをめざす。

区分 社内	区分 社外	実施年月	主催	内容	対象者 管理者	対象者 監査者	対象者 一般	人員	時間(H)	備考	実施状況チェック
○		2000.4	Ａ 工 場	地区同和教育推進委員会	○	○		20	1.25	本年度方針、活動計画他	4月7日
○			Ａ 工 場	人権問題研修会		○	○	4	1	配転者	4月7日
○			Ａ 工 場	管理職人権問題研修	○			2	1	配転者	4月11日
○			Ａ 工 場	職場懇談会	○	○	○	352	1	自部門の情報交換	4月1-30日
	○	5	県同企連	総会・研修会	○			1	3	講師・○○委員長	5月17日
	○		同 企 連	総会・研修会	○	○		2	3	講師・○○ ○○さん	5月25日
○			Ａ 工 場	人権問題研修会		○		2	1	配転者	5月29日
○			Ａ 工 場	対話研修会	○	○	○	352	1	「心のどこかで」	5月1-31日
	○	6	Ａ 市	窓口担当者研修会		○		1	3		6月21日
	○		職 対 協	職対協総会		○		1	3	オブザーバー出席	6月22日
	○		Ａ 市 他	部落解放基本法実行委員会	○			1	3	Ｄ町公民館	6月27日
○			Ａ 工 場	職場懇談会	○	○	○	352	1	自部門の情報交換	6月1-30日
	○	7	滋 賀 県	街頭啓発（Ａ駅にて）	○	○		2	1	啓発月間に伴うもの	7月3日
	○		同 企 連	企業内同和問題経営者研修	○	○		5	22	講師・□□ □□さん	7月5日
○			Ａ 工 場	配転者人権問題啓発研修		○	○	11	1.5	配転者	7月12･17日
○			Ａ 工 場	対話研修会	○	○	○	03	1	「ある家族の一日」	7月1-31日
	○		県同企連	人事労務・窓口担当者研修	○	○		2	3	講師・◇◇ ◇◇さん	7月19日
○		8	Ａ 工 場	解放同盟地元支部との懇談会	○	○		12	3	社長交代に伴うもの	8月3日
	○		Ａ 市	同和教育研究大会	○	○		2	2	同企連より発表	8月6日
○			Ａ 市	2000年度人権問題通信教育	○	○	○	20	第1回目	部落差別と人権	1／7
	○		同 企 連	せせらぎ交流研修会	○	○		7	3	○○川上流	8月26日
	○		Ｂ 町	△△△差別発言事件報告会		○		1	2	町民に対する報告集会	8月29日
○			Ａ 工 場	職場懇談会	○	○	○	350	1	自部門の情報交換	8月1-31日

区分		実施年月	主催	内容	対象者			人員	時間(H)	備考	実施状況チェック
社内	社外				管理者	監査者	一般				
○		9	A 工 場	配転者人権問題啓発研修		○	○	2	1.5	配転者	9月7日
○			A 工 場	第２回　現地視察等研修会	○	○		4	2	奈良・水平社歴史館	9月12日
	○		A 市	企業内同和問題リーダー養成		○		2	12	講義・現地研修・類似体験	13, 20, 27
○			A 市	2000年度人権問題通信教育	○	○		20	第2回目	女性と人権	2／7
	○		滋 賀 県	ふれあいフェスタしが2000	○	○		3	3	A市文化プラザ	9月24日
○			A 工 場	同和教育推進委員会	○	○		21	1.5	上期状況と下期の取組み	9月21日
○			A 工 場	対話研修会	○	○	○	350		「この街に生きる」	9月1-30日
○		10	A 市	2000年度人権問題通信教育				20	第3回目	障害者・高齢者と人権	3／7
○			A 工 場	社内人権問題研修会	○	○	○	380	1	テーマ[人権時代の企業は]	10/2, 6, 10
										講師　○○ ○○さん	
				フォロー研修会（未受講者）	○	○	○	12	1	ビデオテープによる	12, 13
○				配転者人権問題研修		○		1	1	配転者	10月10日
	○			滋賀県同和教育研究大会		○		1	4	B町公民館他	10月21日
○				職場懇談会	○	○	○	335	1	自部門の情報交換	10月1-31日
	○	11	A 市	2000年度人権問題通信教育	○	○	○	20	第4回目	職場と人権	4／7
	○		滋 賀 県	経営者研修会	○	○		2	2	講師　△△ △△さん	11月9日
	○		Cフーズ	Cフーズびわこ10周年行事	○	○		3	5.5	本社より1名出席	11月11日
○			A 工 場	対話研修会	○	○	○			「セクハラとは何か」	11月1-30日
○				配転者人権問題研修			○	2	1	配転者	11月14日
○				同和教育推進委員会	○	○	○	20			11月21日
○		12		配転者人権問題研修		○	○	2	1	配転者	12月4, 18日
	○		A 市	A市女性のつどい			○	3	1	A市文化プラザ	12月5日
	○		職 対 協	企業・行政との交流研修会	○	○		3	3		12月6日
	○		滋 賀 県	県民のつどい	○	○		5	5	産業文化交流会館	12月10日
○			A 工 場	職場懇談会	○	○	○	330	1	自部門の情報交換	12月1-28日
			A 市	2000年度人権問題通信教育	○	○	○	20	第5回目	子供と人権	5／7

資料3-(2)

資料4　地域（町内会）における人権教育の取り組み

町内のみなさんへ

平成５年８月20日

小泉町内会

「部落問題を学び人権を語る会」を始めます

みなさんこんにちは

さっそくですが、部落問題を学び人権を語る会を、10月から12月までつづけて行いたいと存じます。

ふるって参加ください。

人権の問題は、わかっただけではだめだと言われます。学ぶことで、生き方が変わり、行動や人間関係が変わり、町づくりにまで発展していくときに、はじめて問題が問題でなくなりかけるときだと言われます。くりかえしくりかえし学び、くりかえしくりかえし語り合うことが必要なのかもしれません。

むずかしい話を聞くのでなく、実際に苦労している人たちから学び、みんなで考えていくたいと思います。

どなたも歓迎　ふるって参加下さい

９月10日までに公民館玄関前の赤いポストに申込用紙を入れて下さい

★定員は40名とします。

★10月から12月まで５回を予定しています

第1回　10月９日(土) 第2回　10月23日(土)	青年Ｈさんの手記に学ぶ	第1回　11月13日(土) 第2回　11月27日(土)	青年Ｎさんの手記に学ぶ
第5回　12月４日(土)　青年Ｍさんの話を聞き学び合う			

★小泉公民館で夜８時頃から10時前まで行います。

★メンバーが決まったら改めてくわしい連絡をいたします。

------------------------キ--リ---ト--リ------------------------

申込み用紙	お名前 （　　　　　　　）	所属隣組	年齢（20代　30代　40代　50代　60代　70代以上）

９月10日までに公民館玄関前の赤いポストに申込用紙を入れて下さい

平成６年９月24日

町内のみなさんへ

小泉町内会

今年も「人権を語り、同和問題を考える会」を開催します

……………　あなたも　参加ください　……………

昨年は、現に部落差別を受けながら、それとたたかっている一人の青年を囲み、話し合いを深めました。また現在の若者たちの手記や体験記をテキストにしながら、それを読み合って学習を深めました。

今年は、私たちの身のまわりに目を向けてみて、くらしの中の「人権」を考えていきたいと思います。とくに昔から「たたり」とか「わざわい」とか「けがれ」とかが本気で信じこまれたり、それがもとで「忌み」「不浄」「よそもの」「タブー」などと言われて、永い間くらしの中にも染みついてきました。時には不合理を生んだり、人を不幸に追い込んだりもしてきました。しかしまた、慣習や伝統や風習や生活自体は、永い年月を通して、多くの人の努力で作られてきた一つの文化であります。そこで、今回は一度、こうした私たちのさまざまな暮らしを「人権」の視点から見つめてみる学習をしてみたいと計画しました。高齢者の諸先輩からも、いろいろな話がうかがえたらと期待しています。

参加を希望する人は、下の申し込み用紙に記入され、公民館前のポストに投入ください。

しめきりは、10月５日までです

プ　ロ　グ　ラ　ム		
第１回	10月14日（金）	「たたり」「わざわい」「けがれ」「忌み」「不浄」「よそもの」「タブー」など私たちの身の回り（話し合い）
第２回	10月28日（金）	「たたり」「わざわい」「けがれ」「忌み」「不浄」「よそもの」とは何なのか（テキストで学習）
第３回	11月５日（土）	愛東町文化センターの人権展を見学に行く（見学）
地区懇	11月19日（土）	もう一度「たたり・わざわい・けがれ・忌み・不浄・よそもの・タブーなどと私たちの身のまわり」について
第５回	11月26日（土）	講演を聞く「　　　　　　　　」講師

------------------------キ--リ--ト--リ------------------------

申込み用紙	なまえ（　　　　　　　） 連絡電話（　　－　　）	隣組 （　　　　　）	年齢は（20代　30代　40代　50代　60代　70代以上）○印を

資料4-(2)

資料5　世界人権宣言

世界人権宣言

（一九四八年一二月一〇日第三回国連総会採択）

前文

人類社会のすべての構成員の固有の尊厳と平等で譲ることのできない権利とを承認することは、世界における自由、正義及び平和の基礎であるので、

人権の無視及び軽侮が、人類の良心を踏みにじった野蛮行為をもたらし、言論及び信仰の自由が受けられ、恐怖及び欠乏のない世界の到来が、一般の人々の最高の願望として宣言されたので、

人間が専制と圧迫とに対する最後の手段として反逆に訴えることがないようにするためには、法の支配によって人権保護することが肝要であるので、

諸国間の友好関係の発展を促進することが、肝要であるので、

国際連合の諸国民は、国際連合憲章において、基本的人権、人間の尊厳及び価値並びに男女の同権についての信念を再確認し、かつ、一層大きな自由のうちで社会的進歩と生活水準の向上とを促進することを決意したので、

加盟国は、国際連合と協力して、人権及び基本的自由の普遍的な尊重及び遵守の促進を達成することを誓約したので、

これらの権利及び自由に対する共通の理解は、この誓約を完全にするためにもっとも重要であるので、

よって、ここに、国連総会は、

社会の各個人及び各機関が、この世界人権宣言を常に念頭に置きながら、加盟国自身の人民の間にも、また、加盟国の管轄下にある地域の人民の間にも、これらの権利と自由との尊重を指導及び教育によって促進すること並びにそれらの普遍的かつ効果的な承認と尊守とを国内的及び国際的な漸進的措置によって確保することに努力するように、すべての人民とすべての国とが達成すべき共通の基準として、この世界人権宣言を公布する。

第一条〔自由平等・同胞の精神〕
すべての人間は、生れながらにして自由であり、かつ、尊厳と権利とについて平等である。人間は、理性と良心とを授けられており、互いに同胞の精神をもって行動しなければならない。

第二条〔差別の禁止〕　1　すべて人は、人種、皮膚の色、性、言語、宗教、政治上その他の意見、国民的若しくは社会的出身、財産、門地その他の地位又はこれに類するいかなる事由による差別をも受けることなく、この宣言に掲げるすべての権利と自由とを享有することができる。

2　さらに、個人の属する国又は地域が独立国であると、信託統治地域であると、非自治地域であると、又は他のなんらかの主権制限の下にあるとを問わず、その国又は地域の政治上、管轄上又は国際上の地位に基づくいかなる差別もしてはならない。

第三条〔生命、自由、身体の安全〕
すべて人は、生命、自由及び身体の安全に対する権利を有する。

第四条〔奴隷、苦役の禁止〕
何人も、奴隷にされ、又は苦役に服することはない。奴隷制度及び奴隷売買は、いかなる形においても禁止する。

第五条〔拷問・虐待・残虐刑の禁止〕
何人も、拷問又は残虐な、非人道的な若しくは屈辱的な取扱若しくは刑罰を受けることはない。

第六条〔人間としての認められる権利〕
すべて人は、いかなる場所においても、法の下において、人として認められる権利を有する。

第七条〔法の前の平等〕
すべての人は、法の下において平等であり、また、いかなる差別もなしに法の平等な保護を受ける権利を有する。すべての人は、この宣言に違反するいかなる差別に対しても、また、そのような差別をそそのかすいかなる行為に対しても、平等な保護を受ける権利を有する。

第八条〔救済を受ける権利〕
すべて人は、憲法又は法律によって与えられた基本的権利を侵害する行為に対し、権限を有する国内裁判所による効果的な救済を受ける権利を有する。

第九条〔逮捕・拘禁・追放に対する保障〕
何人も、ほしいままに逮捕、拘禁、又は追放されることはない。

第一〇条〔公平な裁判を受ける権利〕
すべて人は、自己の権利及び義務並びに自己に対する刑事責任が決定されるに当っては、独立の公平な裁判所による公正な公開の審理を受けることについて完全に平等の権利を有する。

第一一条〔刑事訴追に対する保障〕　1　犯罪の訴追を受けた者は、すべて、自己の弁護に必要なすべての保障を与えられた公開の裁判において法律に従って有罪の立証があるまでは、無罪と推定される権利を有する。

2　何人も、実行の時に国内法又は国際法により犯罪を構成しなかった作為又は不作為のために有罪とされることはない。また、犯罪が行われた時に適用される刑罰より重い刑罰を課せられない。

第一二条〔私生活・通信・名誉の保護〕
何人も、自己の私事、家族、家庭若しくは通信に対して、ほしいままに干渉され、又は名誉及び信用に対して攻撃を受けることはない。人はすべて、このような干渉又は攻撃に対して法の保護を受ける権利を有する。

第一三条〔移転・居住の自由〕　1　すべて人は、各国の境界内において自由に移転及び居住する権利を有する。

2　すべて人は、自国その他いずれの国をも立ち去り、及び自国に帰る権利を有する。

第一四条〔迫害からの非難〕　1　すべて人は、迫害を免れるため、他国に避難することを求め、かつ、避難する権利を有する。

2　この権利は、もっぱら非政治犯罪又は国際連合の目的及び原則に反する行為を原因とする訴追の場合には、援用することはできない。

第一五条〔国籍に関する権利〕　1　すべて人は、国籍をもつ権利を有する。

2　何人も、ほしいままにその国籍を奪われ、又はその国籍を変更する権利を否認されることはない。

第一六条〔婚姻・家族に関する権利〕
1　成年の男女は、人種、国籍又は宗教に

よるいかなる制限をも受けることなく、婚姻し、かつ家庭をつくる権利を有する。成年の男女は、婚姻中及びその解消に際し、婚姻に関し平等の権利を有する。

2　婚姻は、両当事者の自由かつ完全な合意によってのみ成立する。

3　家庭は、社会の自然かつ基礎的な集団単位であって、社会及び国の保護を受ける権利を有する。

第一七条〔財産権の保障〕1　すべて人は、単独で又は他の者と共同して財産を所有する権利を有する。

2　何人も、ほしいままに自己の財産を奪われることはない。

第一八条〔思想・良心・宗教の自由〕

すべて人は、思想、良心及び宗教の自由に対する権利を有する。この権利は、宗教又は信念を変更する自由並びに単独で又は他の者と共同して、公的に又は私的に、布教、行事、礼拝及び儀式によって宗教又は信念を表明する自由を含む。

第一九条〔表現の自由〕

すべて人は、意見及び表現の自由に対する権利を有する。この権利は、干渉を受けることなく自己の意見をもつ自由並びにあらゆる手段により、また、国境を越えると否とにかかわりなく、情報及び思想を求め、受け、及び伝える自由を含む。

第二〇条〔集会・結社の自由〕1　すべての人は、平和的集会及び結社の自由に対する権利を有する。

2　何人も、結社に属することを強制されない。

第二一条〔政治的権利〕1　すべて人は、直接に又は自由に選出された代表者を通じて、自国の政治に参与する権利を有する。

2　すべて人は、自国においてひとしく公務につく権利を有する。

3　人民の意思は、統治の権力を基礎とならなければならない。この意思は、定期のかつ真正な選挙によって表明されなければならない。この選挙は、平等の普通選挙によるものでなければならず、また、秘密投票又はこれと同等の自由が保障される投票手続によって行われなければならない。

第二二条〔社会保障・経済的・社会的及び文化的権利〕

すべて人は、社会の一員として、社会保障を受ける権利を有し、かつ、国家的努力及び国際的協力により、また、各国の組織及び資源に応じて、自己の尊厳と自己の人格の自由な発展とに欠くことのできない経済的、社会的及び文化的権利を実現する権利を有する。

第二三条〔労働に関する権利〕1　すべて人は、勤労し、職業を自由に選択し、公正かつ有利な勤労条件を確保し、及び失業に対する保護を受ける権利を有する。

2　すべて人は、いかなる差別をも受けることなく、同等の勤労に対し、同等の報酬を受ける権利を有する。

3　勤労する者は、すべて、自己及び家族に対して人間の尊厳にふさわしい生活を保障する公正かつ有利な報酬を受け、かつ、必要な場合には、他の社会的保護手段によって補充を受けることができる。

4　すべて人は、自己の利益を保護するために労働組合を組織し、及びこれに参加する権利を有する。

第二四条〔労働時間の制限・休息の権利〕

すべて人は、労働時間の合理的な制限及び定期的な有給休暇を含む休息及び余暇をもつ権利を有する。

第二五条〔生活の保障・母子の保護〕1　すべて人は、衣食住、医療及び必要な社会的施設等により、自己及び家族の健康及び福祉に十分な生活水準を保持する権利並びに失業、疾病、心身障害、配偶者の死亡、老齢その他不可抗力による生活不能の場合は、保障を受ける権利を有する。

2　母と子とは、特別の保護及び援助を受ける権利を有する。すべての児童は、嫡出であると否とを問わず、同じ社会的保護を受ける。

第二六条〔教育に関する権利〕1　すべて人は、教育を受ける権利を有する。教育は、少なくとも初等の及び基礎的の段階においては、無償でなければならない。初等教育は、義務的でなければならない。技術教育及び職業教育は、一般に利用できるものでなければならず、また、高等教育は、能力に応じ、すべての者にひとしく開放されていなければならない。

2　教育は、人格の完全な発展並びに人権及び基本的自由の尊重の強化を目的としなければならない。教育は、すべての国又は人種的若しくは宗教的集団の相互間の理解、寛容及び友好関係を増進し、かつ、平和の維持のため、国際連合の活動を促進するものでなければならない。

3　親は、子に与える教育の種類を選択する優先的権利を有する。

第二七条〔文化生活に関する権利〕1　すべて人は、自由に社会の文化生活に参加し、芸術を鑑賞し、及び科学の進歩とその恩恵とにあずかる権利を有する。

2　すべて人は、その創作した科学的、文学的又は美術的作品から生ずる精神的及び物質的利益を保護される権利を有する。

第二八条〔人権実現の秩序の享受〕

すべて人は、この宣言に掲げる権利及び自由が完全に実現される社会的及び国際的秩序に対する権利を有する。

第二九条〔人権制限に対する保障〕1　すべて人は、その人格の自由かつ完全な発展がその中にあってのみ可能である社会に対して義務を負う。

2　すべて人は、自己の権利及び自由を行使するに当っては、他人の権利及び自由の正当な承認及び尊重を保障すること並びに民主的社会における道徳、公の秩序及び一般の福祉の正当な要求を満たすことをもっぱら目的として法律によって定められた制限にのみ服する。

3　これらの権利及び自由は、いかなる場合にも、国際連合の目的及び原則に反して行使してはならない。

第三〇条〔人権破壊活動の禁止〕

この宣言のいかなる規定も、いずれかの国、集団又は個人に対して、この宣言に掲げる権利及び自由の破壊を目的とする活動に従事し、又はそのような目的を有する行為を行う権利を認めるものと解釈してはならない。

資料6　同和対策審議会答申の抜粋（昭和四十年）

同和地区に関する社会的及び経済的諸問題を解決するための基本的方策（一九六五・八・一一）

同和対策審議会

昭和三六年一一月七日内閣総理大臣は本審議会に対して「同和地区に関する社会的及び経済的諸問題を解決するための基本的方策」について諮問された。いうまでもなく同和問題は人類普遍の原理である人間の自由と平等に関する問題であり、日本国憲法によって保障された基本的人権に関わる課題である。したがって、審議会はこれを未解決に放置することは断じて許されないことであり、その早急な解決こそ国の責務であり、同時に国民的課題であるとの認識に立って対策の研究に努力した。その間、審議会は問題の重要性にかんがみ存置期間を二度にわたって延長し、同和地区の実情把握のために全国及び特定の地区の実態の調査も行った。その結果は附属報告書のとおりきわめて憂慮すべき状態にあり、関係地区住民の経済状態、生活環境等がすみやかに改善され平等なる日本国民としての生活が確保されることの重要性を改めて認識したのである。

したがって、審議もきわめて慎重であり、総会を開くこと四二回、部会一二一回、小委員会二一回におよんだ。

しかしながら、現在の段階で対策のすべてにわたって具体的に答申することは困難である。しかし、問題の解決は焦眉の意を要するものであり、いたずらに日を重ねることは許されない状態にあるので、以下の結論をもってその諸問に答えることとした。

時あたかも政府は社会開発の基本方針をうち出し、高度経済成長に伴う社会経済の大きな変動がみられようとしている。これと同時に人間尊重の精神が強調されて、政治、行政の面で新しく施策が推進されようとする状態にある。まさに同和問題を解決すべき絶好の機会というべきである。

政府においては、本答申の報告を尊重し、有効適切な施策を実施して、問題を抜本的に解決し、恥ずべき社会悪を払拭して、あるべからざる差別の長き歴史の終止符が一日もすみやかに実現されるよう万全の処置をとられることを要望し期待するものである。

第1部　同和問題の認識

1　同和問題の本質

いわゆる同和問題とは、日本社会の歴史的発展の過程において形成された身分階層構造に基づく差別により、日本国民の一部の集団が経済的・社会的・文化的に低位の状態におかれ、現代社会においても、なおいちじるしく基本的人権を侵害され、とくに、近代社会の原理として何人にも保障されている市民的権利と自由を完全に保障されていないという、もっとも深刻にして重大な社会問題である。

その特徴は、多数の国民が社会的現実としての差別があるために一定地域に共同体的集落を形成していることにある。最近この集団的居住地域から離脱して一般地区に混在するものも多くなってきているが、それらの人々もまた伝統的集落の出身なるがゆえに陰に陽に身分的差別のあつかいをうけている。

集落をつくっている住民は、かつて「特殊部落」「後進部落」「細民部落」など蔑称でよばれ、現在でも「未解決部落」または「部落」などとよばれ、明らかな差別の対象となっているのである。

この「未解決部落」または「同和関係地区」（以下単に「同和地区」という。）の起源や沿革については、人種的起源説、宗教的起源説、職業的起源説、政治的起源説などの諸説がある。しかし、本審議会は、これら同和地区の起源を学問的に究明することを任務とするものではない。ただ、世人の偏見を打破するためにはっきり断言しておかなければならないのは、同和地区の住民は異人種でも異民族でもなく、疑いもなく日本民族、日本国民である、ということである。

すなわち、同和問題は、日本民族、日本国民のなかの身分的差別をうける少数集団の問題である。同和地区は、中世末期ないしは近世初期において、封建社会の政治的、経済的、社会的諸条件に規制せられ、一定地域に定着して居住することにより形成された集落である。

封建社会の身分制度のもとにおいては、同和地区住民は最下級の賤しい身分として規定され、職業、住居、婚姻、交際、服装等にいたるまで社会生活のあらゆる面できびしい差別扱いをうけ、人間外のものとして、人格をふみにじられていたのである。しかし明治維新の変革は、同和地区住民にとって大きな歴史的転換の契機となった。すなわち、明治四年八月二八日公布された太政官布告第六一号により、同和地区住民は、いちおう制度上の身分差別から解放されたのである。この意味において、歴史的な段階としては、同和問題は明治維新以後の近代から解消への過程をたどっているということができる。しかしながら太政官布告は形式的な解放令にすぎなかった。それは単に蔑称を廃止し、身分と職業が平民なみにあつかわれることを宣明したにとどまり、現実の社会関係における実質的な解放を保障するものではなかった。いいかえれば、封建社会の身分階層構造の最底辺に圧迫され、非人間的な権利と極端な貧困に陥れられた同和地区住民を、実質的にその差別と貧困から解放するための政策は行なわれなかった。したがって、明治維新後の社会においても、差別の実態はほとんど変化がなく、同和地区住民は、封建時代とあまり変らない悲惨な状態のもとに絶望的な生活をつづけてきたのである。

その後、大正時代になって、米騒動が勃発した際、各地で多数の同和地区住民がそれに参加した。その後、全国水平社の自主的解放運動がおこり、それを契機にようやく同和問題の重要性が認識されるにいたった。

すなわち、政府は国の予算に新しく地方改善費の名目による事業費を計上し地区の環境改善を行なうようになった。しかし、それらの部分的な改善によって同和問題の根本的解決が実現するはずはなく、同和地区住民はいぜんとして、差別の中の貧困の状態におかれてきた。

わが国の産業経済は「二重構造」といわれる構造的特質をもっている。すなわち、一方には先進国なみの発展した近代的大企業があり、他方には後進国なみの遅れた中小企業や零細経営の農業がある。この二つの領域のあいだには質的な断層があり、頂点の大企業と底辺の零細企業とには大きい格差がある。

なかでも、同和地区の産業経済はその最底辺を形成し、わが国経済の発展からとり残された非近代的部門を形成している。

このような経済構造の特質は、そっくりそのまま社会構造に反映している。すなわち、わが国の社会は、一面では近代的な市民社会の性格をもっているが、他面では、前近代的な身分社会の性格をもっている。今日なお古い伝統的な共同体関係が生き残っており、人々は個人として完全に独立しておらず、伝統や慣習に束縛されて、自由な意志で行動することを妨げられている。

また、封建的な身分階層秩序が残存しており、家父長制的な家族関係、家柄や格式が尊重される村落の風習、各種団体の派閥における親分子分の結合など、社会のいたるところに身分の上下と支配服従の関係がみられる。

さらに、また、精神、文化の分野でも昔ながらの迷信、非合理的な偏見、前時代的な意識などが根強く生き残っており、特異の精神風土と民族的性格を形成している。

このようなわが国の社会、経済、文化体制こそ、同和問題を存続させ、部落差別を支えている歴史的社会的根拠である。

したがって、戦後のわが国の社会状況はめざましい変化を遂げ、政治制度の民主化が前進したのみでなく、経済の高度成長を基底とする社会、経済、文化の近代化が進展したにもかかわらず、同和問題はいぜんとして未解決のままでとり残されているのである。

しかるに、世間の一部の人々は、同和問題は過去の問題であって、今日の民主化、近代化が進んだわが国においてはもはや問題は存在しないと考えている。けれども、この問題の存在は、主観をこえた、客観的事実に基づくものである。

同和問題もまた、すべての社会事象がそうであるように、人間社会の歴史的発展の一定の段階において発生し、成長し、消滅する歴史的現象にほかならない。

したがって、いかなる時代がこようと、どのように社会が変化しようと、同和問題が解決することは永久にありえないと考えるのは妥当ではない。また「寝た子をおこすな」式の考えで、同和問題はこのまま放置しておけば社会進化にともないいつとはなく解消すると主張することにも同意できない。

実に部落差別は半封建的な身分的差別であり、わが国の社会に潜在的または顕在的に厳存し、多種多様の形態で発現する。それを分類すれば、心理的差別と実態的差別とにこれを分けることができる。

心理的差別とは、人々の観念や意識のうちに潜在する差別であるが、それは言語や文字や行為を媒介として顕在化する。たとえば言葉や文字で封建的身分の賎称をあらわして侮蔑する差別、非合理な偏見や嫌悪の感情によって交際を拒み、婚約を破棄するなどの行動にあらわれる差別である。実態的差別とは、同和地区住民の生活実態に具現されている差別のことである。たとえば、就職・教育の機会均等が実質的に保障されず、政治に参与する権利が選挙などの機会に阻害され、一般行政諸施策がその対象から疎外されるなどの差別であり、このような劣悪な生活環境、特殊で低位の職業構成、平均値の数倍にのぼる高率の生活保護率、きわだって低い教育文化水準など同和地区の特徴として指摘される諸現象は、すべて差別の具象化であるとする見方である。

このような心理的差別と実態的差別とは相互に因果関係を保ち相互に作用しあっている。すなわち、心理的差別が原因となって実態的差別をつくり、反面では実態的差別が原因となって心理的差別を助長するという具合である。そして、この相関関係が差別を再生産する悪循環をくりかえすわけである。

すなわち、近代社会における部落差別とは、ひとくちにいえば、市民的権利、自由の侵害にほかならない。市民的権利、自由とは、職業選択の自由、教育の機会均等を保障される権利、居住および移転の自由、結婚の自由などであり、これらの権利と自由が同和地区住民にたいしては完全に保障されていないことが差別なのである。これらの市民的権利と自由のうち、職業選択の自由、すなわち就職の機会均等が完全に保障されていないことが特に重大である。なぜなら、歴史をかえりみても、同和地区住民がその時代における主要産業の生産過程から疎外され、賎業とされる雑業に従事していたことが社会的地位の上昇と解放への道を阻む要因となったのであり、このことは現代社会においても変らないからである。したがって、同和地区住民に就職と教育の機会均等を完全に保障し、同和地区に滞留する停滞的過剰人口を近代的な主要産業の生産過程に導入することにより生活の安定と地位の向上をはかることが、同和問題解決の中心的課題である。

以上の解明によって、部落差別は単なる観念の亡霊ではなく現実の社会に実在することが理解されるであろう。いかなる同和対策も、以上のような問題の認識に立脚しないかぎり、同和問題の根本的解決を実現することはもちろん、個々の行政施策部分的効果を十分にあげることも期待しがたいであろう。

2　同和問題の概観

(1)　実態調査と同和問題

同和対策審議会は調査部会を設け、昭和37年調査として昭和三八年一月一日現在について同和地区(以下「地区」と称する。)に関する基礎調査を実施した。

これまで大正一〇年に内務省により「全国部落統計表」が作成され、昭和に入ってからは、一〇年には中央融和事業協会によって、三三年(三四年に補正)には、厚生省によって調査が実施された。なお三四年に文部省によって学童数、学校数などの調査が行われた。しかし、これらは各々特定の目的に答えるためのものであり、地区の所在地、世帯数、人口、職業などの点において必ずしも総合的な結果を示していない。しかし、今回の調査の結果を通じて、

(I)　地区の内外において一般地区住民との混在が多くみられること。

(II)　都市の同和地区の場合は、これまでの地区が一般地区的な様相をもち、具体的にとらえることが困難になっていることがあげられる。そのために、今回は数府県が調査不能であった。これには地方行政機関の同和問題に対する認識のちがいも原因となっていることは否定できない。

これまでの調査と比較して数量的把握を困難とした理由は、都市およびその周辺地域では、

(I)　戦災疎開などによる地区住民の地域的分散が行われたこと。

(Ⅱ) 区画整理等によって地区内での再配置があったこと。

(Ⅲ) 一般の低所得階層密集地区（スラム）との地域的な混在が行われたことなどである。

つぎに、都市以外の地域では、

(Ⅰ) 社会、経済等の変動にともなう人口移動の傾向によって地区住民の転住がみられること。ことに農村地区における離村傾向の増大が指摘される。

次に、

(Ⅱ) 戦後の民主的な思想の普及などによって、一般地区住民との混在が幾分多くなったことなどである。

したがって、全国におよび同和地区の所在を的確に把握することはきわめて困難であり、集団地区以外にかなりの関係住民のいることも十分に認識しなければならない。同和問題が現在の時点において重要性をもつのは、数量的に、地区的にとらえられるような現象だけではない。日本の社会体制のあらゆる面で、根強く潜在している差別的な実態そのものが、問題なのである。

同和問題に関する本質の課題は、端的には「部落差別」そのものである。身分的差別意識が劣悪な生活環境のなかで、いぜんとして厳しく温存されている事実である。新憲法のもと国民の基本的人権が新しく意義づけられ、社会体制の民主化も一応進展しつつあるようにみえながら、同和地区につながる人々はこの部落差別のなかで生活しなければならないのである。それは審議会が基礎調査とともに実施した精密調査の結果によって知ることができる。同時に一見平等とみられる就職、就学、結婚等の社会体制のなかに、いぜんとして厚い差別の壁があり、一般国民のなかにも、地区や地区住民に対して、感情、態度、意識、思想等による偏見が残存していることも指摘しなければならない。

したがって、審議会が部落差別の事実として客観的にとらえなければならなかった焦点は、しばしば社会問題として提起される主観的な差別言動よりも、むしろ一般地区の生活状態および社会、経済的な一般水準と比較して、同和地区なるがゆえに解決されず取り残されている環境そのものにあったのである。

同和地区における人口、住宅の過密性、道路、上下水道、居住形式など物的環境の荒廃状況はきわめて顕著である。それらは、職業選択の制限されていること、通婚圏の狭いことと、無関係ではない。すなわち地区が封鎖的性格をもつことによって、生活は向上性を失い、やむをえず集団化によってその転落を防止するような自己防衛的な環境までつくられていることである。そこには「差別」が原因となって、「貧困」が同居している。同和地区がしばしば一般低所得地区と同一視されることがあるが、これは必ずしも正しい認識ではない。一般の低所得地区と異なるのは、部落差別が存在することによって、そこに居住しなければならないし、また住むことによって生活的活動に制限が加えられることである。さらに、地区によっては、行政の対象からも除外される現実があることである。すなわち調査によって得られた結論は、部落差別の実態が、生活条件の劣悪さを誘致し、環境の悪化を生んでいるという点である。部落差別の解消は、偏見をもたらす因襲や伝統を観念的にとりあげただけでは解決できない。それを存続させるのは、社会体制のなかにあるという認識に立たざるをえない。

〈以下略〉

資料7　人権教育及び人権啓発の推進に関する法律（平成十二年）

人権教育及び人権啓発の推進に関する法律

（平成一二年一二月六日
法律第百四十七号）

（目的）

第一条　この法律は、人権の尊重の緊要性に関する認識の高まり、社会的身分、門地、人種、信条又は性別による不当な差別の発生等の人権侵害の現状その他人権の擁護に関する内外の情勢にかんがみ、人権教育及び人権啓発に関する施策の推進について、国、地方公共団体及び国民の責務を明らかにするとともに、必要な措置を定め、もって人権の擁護に資することを目的とする。

（定義）

第二条　この法律において、人権教育とは、人権尊重の精神の涵養を目的とする教育活動をいい、人権啓発とは、国民の間に人権尊重の理念を普及させ、及びそれに対する国民の理解を深めることを目的とする広報その他の啓発活動（人権教育を除く。）をいう。

（基本理念）

第三条　国及び地方公共団体が行う人権教育及び人権啓発は、学校、地域、家庭、職域その他の様々な場を通じて、国民が、その発達段階に応じ、人権尊重の理念に対する理解を深め、これを体得することができるよう、多様な機会の提供、効果的な手法の採用、国民の自主性の尊重及び実施機関の中立性の確保を旨として行われなければならない。

（国の責務）

第四条　国は、前条に定める人権教育及び人権啓発の基本理念（以下「基本理念」という。）にのっとり、人権教育及び人権啓発に関する施策を策定し、及び実施する責務を有する。

（地方公共団体の責務）

第五条　地方公共団体は、基本理念にのっとり、国との連携を図りつつ、その地域の実情を踏まえ、人権教育及び人権啓発に関する施策を策定し、及び実施する責務を有する。

（国民の責務）

第六条　国民は、人権尊重の精神の涵養に努めるとともに、人権が尊重される社会の実現に寄与するよう努めなければならない。

（基本計画の策定）

第七条　国は、人権教育及び人権啓発に関する施策の総合的かつ計画的な推進を図るため、人権教育及び人権啓発に関する基本的な計画を策定しなければならない。

（年次報告）

第八条　政府は、毎年、国会に、政府が講じた人権教育及び人権啓発に関する施策についての報告を提出しなければならない。

（財政上の措置）

第九条　国は、人権教育及び人権啓発に関する施策を実施する地方公共団体に対し、当該施策に係る事業の委託その他の方法により、財政上の措置を講ずることができる。

附　則

（施行期日）

第一条　この法律は、公布の日から施行する。ただし、第八条の規定は、この法律の施行の日の属する年度の翌年度以後に講じる人権教育及び人権啓発に関する施策について適用する。

〔見直し〕

第二条 この法律は、この法律の施行の日から三年以内に、人権擁護施策推進法(平成八年法律第百二十号)第三条第二項に基づく人権が侵害された場合における被害者の救済に関する施策の充実に関する基本的事項についての人権擁護推進審議会の調査審議の結果をも踏まえ、見直しを行うものとする。

衆議院

人権教育及び人権啓発の推進に関する法律案に対する附帯決議

この法律の施行に伴い、政府は、次の点につき格段の配慮をされたい。

一 人権教育及び人権啓発に関する基本計画の策定に当たっては、行政に中立性に配慮し、地方自治体や人権にかかわる民間団体等関係各方面の意見を十分に踏まえること。

二 前項の基本計画は、「人権教育のための国連十年」に関する国内行動計画等を踏まえ、充実したものにすること。

三 「人権の二十一世紀」実現に向けて、日本における人権政策確立の取組みは、政治の根底・基本に置くべき課題であり、政府・内閣全体での課題として明確にするべきであること。

参議院

人権教育及び人権啓発の推進に関する法律案に対する附帯決議

政府は「人権の二十一世紀」を実現するため、本法の施行に当たっては、次の諸点について格段の努力をすべきである。

一 人権教育及び人権啓発の推進に関する本法の基本理念並びに国、地方公共団体及び国民の責務について周知徹底を図り、特に公務員による人権侵害のないよう適切な措置を講ずること。

二 人権教育及び人権啓発に関する基本計画の策定に当たっては、地方公共団体や人権にかかわる民間団体等関係各方面の意見を十分に踏まえること。

三 人権施策は、政治の根底・基本に置くべき重要課題であることにかんがみ、内閣全体でその取組に務めること。

右決議する。

資料7-(2)

資料8　人権教育の指導方法等の在り方について［第二次とりまとめ］

人権教育の指導方法等の在り方について［第二次とりまとめ］

平成18年1月
人権教育の指導方法等に関する調査研究会議

第Ⅰ章　学校教育における人権教育の改善・充実の基本的考え方

1．人権及び人権教育について

(1)　人権は、「人々が生存と自由を確保し、それぞれの幸福を追求する権利」と定義される(人権擁護推進審議会答申(平成11年)、以下「審議会答申」という)。また、基本計画は、人権を「人間の尊厳に基づいて各人が持っている、固有の権利であり、社会を構成する全ての人々が個人として生存と自由を確保し社会において幸福な生活を営むために欠かすことのできない権利」と説明している。

しかし、人権を一層身近で具体的な事柄に関連させてより明確に把握することが必要である。例えば、人権という言葉は「人」と「権利」という二つの言葉からなっている。人権とは、要するに「人の持つ権利」を意味する。したがって、人権を理解するには、人としての尊厳と価値を踏まえながら、人とは何か、権利とは何かを具体的に考えなければならない。

人権の具体的な内容には、人が生存するために不可欠な生命や身体の自由の保障、法の下の平等、衣食住の充足などに関わる権利がある。そして同時に、人が幸せに生きる上で必要不可欠な思想や言論の自由、集会・結社の自由、教育を受ける権利なども含まれている。

このような個々の権利は、それぞれが固有の意義を持つと同時に、相互に不可分かつ相補的な関係にある。このような諸権利が全体で一つの枠組みとしての人権を構成しているのである。したがって、個々の権利にはおのずから優劣や軽重はないのであるが、今日、全国各地で児童生徒をめぐって生じている様々な事態にかんがみる時、人間の生命がかけがえのないものであるという点については、改めて強調しておきたい。

人権を侵害することは、相手が誰であれ、決して許されることではない。全ての人は自分の人としての尊厳と価値が尊重されることを要求して当然なのである。したがって、誰であれ、他の人々の尊厳や価値を尊重し、それを侵害してはならないという義務と責任を負うのである。

(2)　次に、人権教育であるが、これについては、「人権尊重の精神の涵養を目的とする教育活動」(人権教育及び人権啓発の推進に関する法律第2条)を意味し、「国民が、その発達段階に応じ、人権尊重の理念に対する理解を深め、これを体得することができるよう」(同法第3条)にすることを旨とする、とされている。この人権教育の定義についても、より具体的にとらえることが求められる。

「人権教育のための国連10年行動計画」では、人権教育を、「知識と技能の伝達並びに態度の形成を通じて、人権という普遍的文化を構築することを目的とする研修、普及及び広報努力である」と定義している。そして具体的な目標として、(a)人権と基本的自由の尊重の強化、(b)人格及び人格の尊厳を感受する感覚の十分な発達、(c)全ての国家、先住民、全ての国民、先住民並びに人種的、民族的、種族的、宗教的及び言語的な諸集団の間における理解、寛容、男女平等並びに友好の促進、(d)全ての人が自由な社会に効果的に参加できるようにすること、等を挙げている。

このようにとらえると、人権教育の目的を達成するためには、第一に、人権や人権擁護に関する基本的な知識を確実に学び、その内容と意義について知的理解を徹底し、深化することが必要である。第二に、人権が持つ価値や重要性を直感的に感受し、それを共感的に受け止めるような感性や感覚を育成すると共に、自分と他者との人権擁護を実践しようとする意識、意欲や態度を助長すること、そしてその意欲や態度を実際の行為に結びつける実践力を育成することが求められる。つまり、人権教育は自他の人権の実現と擁護のために必要な資質や能力を育成し、発展させることを目指す総合的な教育である。その際に必要とされる資質や能力は、①知識的側面、②価値的・態度的側面、③技能的側面という３つの側面からなっている。このうち②価値的・態度的側面、③技能的側面が深く人権感覚に関わるものである。したがって、①知識的側面にとどまらず、②価値的・態度的側面や③技能的側面を含めた形で、資質や能力を全面的・調和的に発達させるように働きかけ、促進することが、人権教育の具体的な課題となる。

以上のように、人権教育の総合的・構造的性格を考える時、審議会答申が指摘する、児童生徒一人一人が「人権の意義やその重要性についての正しい知識」を十分に身につけると共に、「日常生活の中で人権上問題のあるような出来事に接した際に、直感的にその出来事はおかしいと思う感性や、日常生活において人権への配慮がその態度や行動に現れるような人権感覚」をも十分に身に付けることの重要性が一層明確になる。

(3)　人権感覚とは、人権の価値やその重要性にかんがみ、人権が擁護され、実現されている状態を感知して、これを望ましいものと感じ、反対に、これが侵害されている状態を感知して、それを許せないとするような、価値志向的な感覚である。この人権感覚が健全に働く時、自他の人権が尊重されていることの「妥当性」を肯定し、逆にそれが侵害されることの「問題性」を認識して、人権侵害を解決せずにはいられないとする、いわゆる人権意識が芽生えてくる。つまり、価値志向的な人権感覚が知的認識とも結びついて、問題状況を変えようとする人権意識又は意欲や態度になり、自分の人権と共に他者の人権を守るような実践行動に連なるのである。

なお、このような人権教育が効果を挙げうるためには、まず、その教育・学習の場である学校・学級自体が、人権尊重が徹底し、人権尊重の精神がみなぎっている環境であることが求められる。このことは、教育一般においても言えるが、とりわけ人権教育においては、その教育的内容や方法の在り方と共に、教育・学習の場そのものの雰囲気の在り方がきわめて重要な意味を持つ。教職員同士の関係、教職員と児童生徒の関係、児童生徒同士の関係等々の人間関係や全体としての雰囲気など、学校･学級の在り方そのものが、人権教育の基盤をなすのである。この基盤づくりは、校長をはじめ、教職員一人一人の意識と努力により、即座に取り組めるものであり、また取り組むべきものである。

また、人権教育は、教育を受けること自体が基本的人権であるという大原則の上に成り立つものであることも再認識しておきたい。

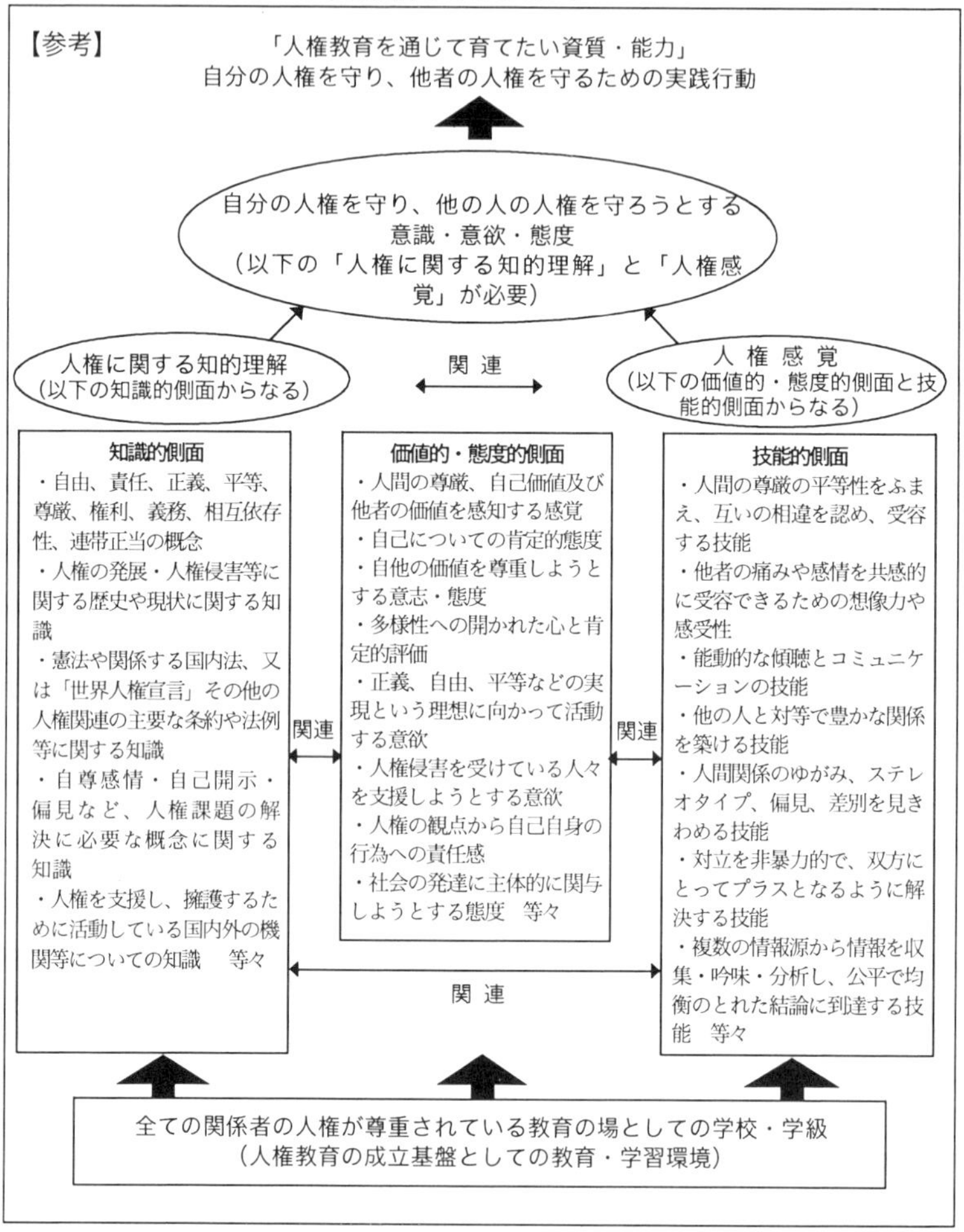

知識的側面	価値的・態度的側面	技能的側面
・自由、責任、正義、平等、尊厳、権利、義務、相互依存性、連帯正当の概念 ・人権の発展・人権侵害等に関する歴史や現状に関する知識 ・憲法や関係する国内法、又は「世界人権宣言」その他の人権関連の主要な条約や法例等に関する知識 ・自尊感情・自己開示・偏見など、人権課題の解決に必要な概念に関する知識 ・人権を支援し、擁護するために活動している国内外の機関等についての知識　等々	・人間の尊厳、自己価値及び他者の価値を感知する感覚 ・自己についての肯定的態度 ・自他の価値を尊重しようとする意志・態度 ・多様性への開かれた心と肯定的評価 ・正義、自由、平等などの実現という理想に向かって活動する意欲 ・人権侵害を受けている人々を支援しようとする意欲 ・人権の観点から自己自身の行為への責任感 ・社会の発達に主体的に関与しようとする態度　等々	・人間の尊厳の平等性をふまえ、互いの相違を認め、受容する技能 ・他者の痛みや感情を共感的に受容できるための想像力や感受性 ・能動的な傾聴とコミュニケーションの技能 ・他の人と対等で豊かな関係を築ける技能 ・人間関係のゆがみ、ステレオタイプ、偏見、差別を見きわめる技能 ・対立を非暴力的で、双方にとってプラスとなるように解決する技能 ・複数の情報源から情報を収集・吟味・分析し、公平で均衡のとれた結論に到達する技能　等々

2．人権教育の目標について

学校教育において人権教育を進めるに当たっては、人権についての知的理解を深化し、徹底させると共に、児童生徒が人権感覚を十分に身に付けるための指導を一層充実することが必要である。

各学校において人権教育に取り組むに際しては、まず、人権に関わる概念や人権教育が目指すものについて明確にし、教職員がこれを十分に理解し、組織的・計画的に進めることが肝要である。人権教育に限らず、様々な取組を進めるためには目標を明確にすることが重要である。それによって、組織的な取組が可能となり、改善・充実のための評価の視点も明らかになるからである。しかし、「人権尊重の理念」というような人権に関わる概念は象徴的でわかりにくい、といった声もしばしば聞かれるところである。

人権尊重の理念は、「自分の人権のみならず他者の人権についても正しく理解し、その権利の行使に伴う責任を自覚して、人権を相互に尊重し合うこと、すなわち、人権の共存の考え方ととらえる」(審議会答申)べきものとされている。このことを踏まえて、人権尊重の理念について、特に、学校教育において指導の充実が求められる人権感覚の側面に焦点を当てて児童生徒にもわかりやすい言葉で表現するならば、[自分の大切さと共に他の人の大切さを認めること]であると言うことができる。

この[自分の大切さと共に他の人の大切さを認めること]については、そのことを単に理解するにとどまることなく、それが態度や行動に現れるようになることが求められることは言うまでもない。すなわち、一人一人の児童生徒がその発達段階に応じ、人権の意義・内容や重要性について理解し、[自分の大切さと共に他の人の大切さを認めること]ができるようになり、それが様々な場面や状況下での具体的な態度や行動に現れるとともに、人権が尊重される社会づくりに向けた行動につながるようにすることが、人権教育の目標である。

このような人権教育の実践が、民主的な社会及び国家の形成発展に努める人間の育成、平和的な国際社会の実現に貢献できる人間の育成につながっていくものと考えられる。

各学校においては、上記のような考え方を基本としつつ、児童生徒や学校の実態等に応じて人権教育によって達成しようとする目標を具体的に設定し主体的な取組を進めることが必要である。

3．人権感覚の育成を目指す取組

[自分の大切さと共に他の人の大切さを認めること]ができるために必要な人権感覚は、児童生徒に繰り返し言葉で説明するだけで身に付くものではない。このような人権感覚を身に付けるためには、学級をはじめ学校生活全体の中で自らの大切さや他の人の大切さが認められていることを児童生徒自身が実感できるような状況を生み出すことが肝要である。児童生徒一人一人が、自らが一人の人間として大切にされているという実感を持つことができる時に、自己や他者を尊重しようとする感覚や意志が芽生え、育つことが容易になるからである。

人権教育に関わる知的理解を推進するためには、学校の教育課程を体系的に整備することが必要である。他方、人権感覚の育成には、そうしたカリキュラムの整備と共に、いわゆる「隠れたカリキュラム」(「隠れたカリキュラム」とは、「教育する側が意図する、しないに関わらず、学校生活を営むなかで、児童生徒自らが学びとっていく全ての事柄」を指す。学校の「隠れたカリキュラム」を構成するのは、それらの場の在り方であり、雰囲気といったものである。)が重要である。

【参考】「隠れたカリキュラム」の例
○「いじめ」を許さない態度を身に付けるためには、「いじめはよくない」という知的理解だけでは不十分である。実際に、「いじめ」を許さない雰囲気が浸透する学校・学級で生活することを通じて、児童生徒ははじめて「いじめ」を許さない人権感覚を身に付けることができるのである。だからこそ、教職員一体となっての組織づくり、場の雰囲気づくりが重要である。

このように、自分と他の人の大切さが認められるような環境をつくることが、まず学校・学級の中で取り組まれなければならない。また、それだけではなく、家庭、地域、国、等のあらゆる場においてもそのような環境をつくることが必要であることを、児童生徒が気付くことができるように指導することも重要である。

さらに、[自分の大切さと共に他の人の大切さを認めること]ができるということが、態度や行動にまで現れるようにすることが必要である。すなわち、他の人と共により良く生きようとする態度や集団生活における規範等を尊重し義務や責任を果たす態度、具体的な人権問題に直面してそれを解決しようとする実践的な行動力などを、児童生徒が身に付けることができるようにすることが大切である。具体的には、各学校において、教育活動全体を通じて、例えば次のような力や技能などを総合的にバランスよく培うことが求められる。

① 他の人の立場に立ってその人に必要なことやその人の考えや気持ちなどが分かるような想像力や共感的に理解する力
② 考えや気持ちを適切かつ豊かに実現し、また、的確に理解することができるような、伝え合い、分かり合うためのコミュニケーションの能力やそのための技能
③ 自分の要求を一方的に主張するのではなく建設的な手法により他の人との人間関係を調整する能力及び自他の要求を共に満たせる解決方法を見いだしてそれを実現させる能力やそのための技能

これらの力や技能を着実に培い、児童生徒の人権感覚を健全に育成していくためには、「学習活動づくり」や「人間関係づくり」と「環境づくり」とが一体となった、学校全体としての取組が望まれるところである。

第Ⅱ章　学校における人権教育の指導方法等の改善・充実

前章では、人権教育の目標に関連して、人権に関する知的理解の促進と深化、並びに人権感覚の育成の意義と必要性とについて指摘した。さらに、人権教育の成立基盤としての学校・学級の在り方そのものが持つ重要性にも言及した。これを受けて、本章では、学校における人権教育がその目標を達成するためにどのような点に

留意すべきかについて示した。その際、「学校としての組織的な取組等に関すること」、「人権教育の内容及び指導方法等に関すること」、そして「教職員研修等に係る教育委員会の取組に関すること」の３つの観点から検討することとした。

なお、本調査研究会議は、都道府県教育委員会の協力を得て人権教育の実践状況及び指導事例等を収集した。これらの事例と海外の人権教育に関する理論的・実践的研究成果を踏まえて、上記のそれぞれの観点ごとに具体的に検討すると共に、今後の人権教育の推進に資すると考えられる基本的、一般的な事例も併せて示した。

第１節　学校としての組織的な取組と関係機関等との連携等

１．学校の教育活動全体を通じた人権教育の推進

(1)　人権教育の推進のための基本的視点

学校教育においては[生きる力]を育む教育活動を進めている。[生きる力]については、平成８年の中央教育審議会答申において、「自分の課題を見つけ、自ら学び、自ら考え、主体的に判断し、行動し、よりよく問題を解決する資質や能力」、「自らを律しつつ、他人と共に協調し、他人を思いやる心や感動する心など、豊かな人間性」、「たくましく生きるための健康や体力」が重要な素質や能力として挙げられている。

人権教育は、この「生きる力」を学校教育において、各教科、道徳、特別活動、総合的な学習の時間のそれぞれの特質に応じ、教育活動全体を通じて推進されるものである。

また、日常の学校生活も含めて人権が尊重される学校・学級とするように努めることが肝要である。例えば、児童生徒の意見をきちんと受けとめて聞く、明るく丁寧な言葉で声かけを行うことなどは当然であるが、教職員は改めて児童生徒一人一人の大切さを強く自覚し、一人の人間として接しなければならない。一方、いじめや暴力をはじめ他の人を傷つけるような問題が起きた時には、これらの行為を看過することなく学校全体として適切かつ毅然とした指導を行い、いわば正義が貫かれるような学校・学級とするように努めなければならない。

現在、各学校では人権教育に組織的に取り組むと共に、家庭・地域社会、他校種と積極的に連携して人権教育を推進している。この実践をより積極的に推進することが求められる。

なお、このような学校・学級にするために、教職員だけでなく児童生徒自身も自らの大切さや他の人の大切さが認められるような環境づくりに主体的に取り組むことが重要であることはもちろんのことである。

(2)　学習指導要領等を踏まえた人権教育

人権教育は、学校教育において、各教科、道徳、特別活動、総合的な学習の時間のそれぞれの特質に応じ、教育活動全体を通じて推進されるものである。

以下の例のような工夫も参考に、各教科、道徳、特別活動、総合的な学習の時間でそれぞれの特質に応じて行われている人権教育が有機的に関連して展開できるようにすると共に、学習活動の基盤としての学校づくり及び学習集団づくりを効果的に行うことが大切である。

【参考】「人権教育を行う上での工夫の例」
1 「地域の教育力の活用」:各教科等の特質に応じて、地域人材の協力を得て、地域の教育力を有効活用して教育活動全体を通じて人権教育を推進する。
2 「体験的な活動」:フィールドワークなどの体験的活動を積極的に活用して、人権についての関心・意欲・態度、思考・判断、技能・表現、知識・理解の力を育て、人権感覚を育成する。
3 「学習形態、教育方法上の工夫」:人権教育の目的に応じて一斉学習、グループ学習、個別学習などを有効に活用し、内容によっては、授業担当教師とゲスト・ティーチャー(地域人材等)とのティーム・ティーチングを取り入れる。また、目的に応じてコンピュータなどの情報機器を活用、体験的な活動の導入、児童生徒の実態調査などを通して効果的に指導する。
4 「生き方学習や進路学習」:学級活動やホームルーム活動などでの人間としてのあり方生き方についての自覚を深める学習や、進路指導の機会等を通して長期的広域的視野から人権教育を推進する。

(3)　人権が尊重される学級経営と生徒指導
ア:人権尊重の精神に立つ学級経営
教師は児童生徒一人一人の大切さを強く自覚して、児童生徒の日常の学校生活も含めて人権が尊重される学級経営をするように努めなければならない。特に、学級経営においては、児童生徒が他者との関わりの中で自らのよさを発揮しながら、学級生活を安心して過ごすことが大切である。

【参考】「学級経営の留意点」
○自己と他者に対する尊敬の念を培うこと
○よさを認め合い、共感的理解を育むこと
○自己表現できる力やコミュニケーション能力を育成すること
→ これらを「人権学習」、「自主的活動」、「学校や学級等での生活」を通して培っていく。

イ:人権尊重の精神に立つ生徒指導
学級活動、ホームルーム活動での集団指導やその他の個別指導での人権を尊重した生徒指導は、「自分の大切さと共に他の人の大切さを認める」という人権感覚を育成する人権教育として位置づけることができる。このように生徒指導において、「自分の大切さとともに他の人の大切さを認める」という人権感覚を育成することを通じて、秒力行為やいじめ等の生徒指導上の諸問題の未然防止に努めることが重要である。
児童生徒の暴力行為、いじめ、不登校、中途退学などの生徒指導上の諸問題の解決に当たっては、人権侵害行為の存在や人権相互間の調整を必要とする問題である可能性の存在を念頭におき、人権教育を基盤とした生徒指導を実施することが大切である。
また、いじめや暴力をはじめ他の人を傷つけるような問題が起きた時には、他の人の人権を尊重する観点から、これらの行為を看過することなく学校全体として適切かつ毅然とした指導を行うように努めることが大切である。このように、学習指導、進路指導、個人的適応指導、社会性指導、余暇指導、健康安全指導の全てについて、児童生徒の人権を尊重した指導をすることにより、生徒指導を通して人権教育の推進を図ることができる。

(4)　教職員と児童生徒自身による人権教育の環境づくり

ア:教職員と児童生徒の連携

教職員による厳しさと優しさを兼ね備えた生徒指導と、児童生徒の主体的な学級参加によって、人権の尊重される学校教育の維持するための環境整備に取り組まなければならない。その際、校長のリーダーシップや、人権教育目標についての教職員相互の共通理解が必要であり、全ての教職員の意識的な参画が人権教育推進の必要条件である。

【事例紹介】「学習環境の整備の例」

○人権コーナーの設置→正面玄関に授業で取り組んだ作品を展示し、児童生徒がいじめや差別のない人権の守られる学級・学校とは何かを考えるようにする。

○人権啓発標語・ポスター→人権週間に併せて人権啓発に関する標語作りやポスター作りを通して人権感覚を養う。

○人権学習会→障害のある人や元海外協力隊員など国内外で人権問題に関わった人々の話を聞く。

○全校集会→子どもたちが自ら学んだことを全校の子どもや保護者に発表し、人権についての意識を高める。

イ:環境整備のための支援

教職員と児童生徒が人権教育の環境づくりに主体的に取り組むためには、学校評議員、保護者、地域住民、行政担当者、法務局・地方法務局、福祉施設、医療機関、大学の研究者などが、積極的・継続的に学校を支援する人的ネットワークづくりが求められる。

また、それぞれの教育段階で効果的に人権教育を推進するためには、幼稚園、保育所、小学校、中学校、高等学校等の協力と連携が効果的である。また、それらを進めるためにも、「人権教育及び人権啓発の推進に関する法律」の趣旨に基づく積極的な行政的支援がますます必要となる。

ウ:人権を尊重した学習指導と学力向上

全ての児童生徒に基礎的な知識・技能等を確実に身に付けさせ、それらを活用しながら自ら学び自ら考える力などの「確かな学力」を育むためにも、学校全体として「一人一人を大切にし、個に応じた目的意識のある学習指導に取組む」等の教育目標の共通理解を図ると共に、学ぶことの楽しさを体験させ、望ましい人間関係づくり等を培い、学習意欲の向上に努めることが求められている。

【参考例】「効果のある学校(effective schools)」
今日、「効果のある学校」に関する研究が国内外で推進されている。このような「教育的に不利な環境のもとにある児童生徒の学力水準を押し上げている学校」では、学力の向上と人権感覚の育成とが合わせて追求されている。
それは、一人一人の個性やニーズに応じた基礎学力を獲得するためには、学校・学級の中で、現実に一人一人の存在や思いが大切にされるという状況が成立していなければならないからである。
ここでは、人権感覚の育成は、児童生徒の自主性や社会性などの人格的な発達を促進するばかりでなく、学校の役割の大事な部分を占める学力形成においても成果を挙げていると指摘されている。

２．学校としての組織的な取組とその点検・評価

各学校においては、校長のリーダーシップの下、教職員が一体となって人権教育に取り組む体制を整え、人権教育の目標設定、指導計画の作成や教材の選定・開発などの取組を組織的・継続的に行うことが肝要である。また、こうした人権教育の取組については、学校教育活動全体の評価の中で自ら点検・評価を行い、その結果を基に学校が主体的にその取組の不断の見直しを行うと共に、保護者や地域の人々に積極的に情報を提供するよう努めることが、求められる。

その際、学校評議員制度を活用する、保護者等の意見を聞く機会を設けるなどの工夫も考えられる。

(1)　学校としての人権教育の目標設定

学校としての人権教育の目標を設定するに当たっては、様々な人権問題の解決に資する教育の大切さと共に、「人権が尊重される社会の実現」という未来志向的、建設的な学習目標の設定に留意することが重要である。

また、「自分の大切さと共に他の人の大切さを認める」ことを意味する「人権感覚」の育成が、現在の人権教育の基本的な目標であることと合わせて共通理解を図ることが必要である。

さらに、人権感覚を育成するに当たっては、自尊感情を培うことはもとより、共感能力や想像力、人間関係調整力を育むことが求められており、それらを踏まえると共に、これまでの学校の中で取り組んできたことや児童生徒及び地域の実情等も踏まえ、自校の具体的目標を設定することが大切である。

(2)　校内推進体制の確立と充実

組織的な取組を推進するに当たっては、校内推進体制の確立と共に、その効果的・効率的な役割の充実を図ることが求められる。

ア：人権教育を推進する体制の確立

児童生徒の意識・意欲・態度・表現力等を培い、人権感覚の育成という学習目標の具体化を一層図る観点からも、教職員の人権問題及び人権教育に関する研修に関する企画立案、人権教育の年間指導計画の策定や毎年の実践の点検・評価のとりまとめ等の役割を果たす体制の確立は、人権教育の推進にとってきわめて重要である。したがって、校長のリーダーシップのもと、人権教育担当者、学年主任をはじめ、進路指導部、生徒指導部、総合学習研究部等、関連研究部担当者が必要に応じて随時参加する機能的な構成が求められる。

イ：人権教育担当者の役割

人権教育に関する企画立案、人権教育に関する研究部の統括及び学校運営全体との調整又は人権教育の推進に関するコーディネート等、学校全体の指導的役割を果たす人権教育担当者は、校内推進体制の要として重要である。また、人権侵害が生じた場合の迅速な対応や相談活動を行うことも大切である。

【参考例】　「構内推進組織図」

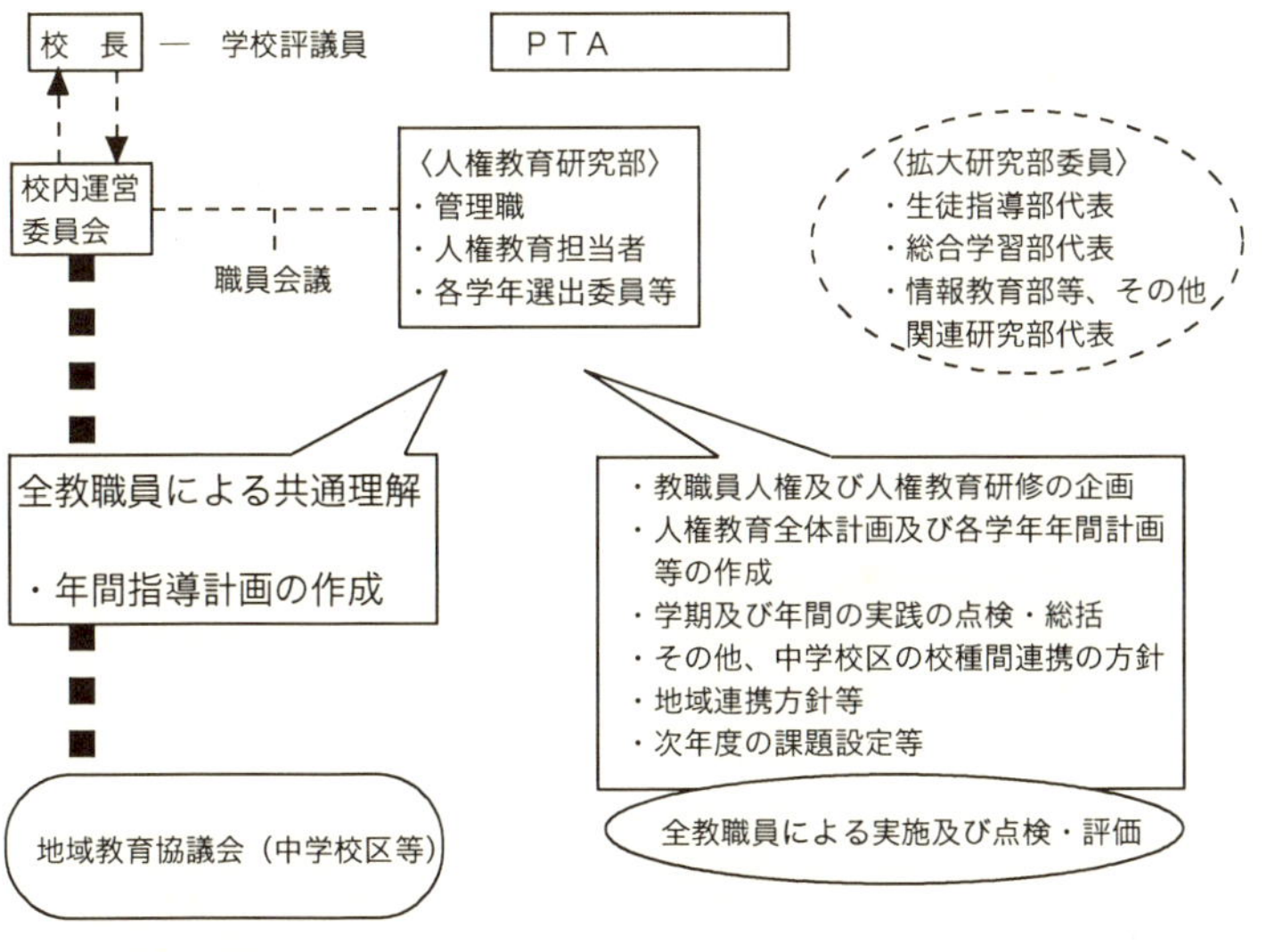

(3)　人権教育の全体計画・年間指導計画の策定

ア：人権教育の全体計画・年間指導計画策定の観点

人権教育の組織的な取組に当たっては、校内推進組織の確立と共に人権教育の全体計画及び各学年指導計画の策定が必要であり、計画策定に当たっては、指導計画の観点を明確にすることが重要である。

【参考例】「人権教育の全体計画・年間指導計画の観点目標」
○　重点目標(全体計画)
○　実践的課題
・人権教育における各学年の課題と年間指導計画
・人権教材や地域等外部人材の活用
・コミュニケーションや共感力等の育成(豊かな人間関係づくり)等
○　教職員の人権認識を高める取組
○　地域・保護者及び校種間連携及び校内研究推進組織の概要

イ：人権教育の全体計画・年間指導計画の策定

人権教育の全体計画・年間指導計画の策定に当たっては、管理職及び人権教育担当者による全体計画案の作成と運営委員会への提示を出発に、人権教育に関する研究部による具体的な実践的課題の設定、各学年による年間指導計画の作成と研究部によるとりまとめ、職員会議への提示による全教職員の共通理解等、組織的かつ機能的な学校としての対応が求められる。また、このような対応を通して、全教職員の人権教育の推進に対する参画意識を培うことが望ましい。

【参考】「全体計画作成に当たって考えられること」

学校や地域の特色を生かした取組、ボランティア活動など社会奉仕体験活動、自然体験活動等の体験活動の充実や様々な人との交流活動の在り方を示したり、校種、学校や地域の実態等を踏まえた指導目標との関係を明確にしたりする。

その際、小学校の重点として、体験・交流活動を通して、児童が自分で「ふれる」「気付く」こと、中学校では、他者に「気付く」ことを確かな認識に「深める」こと、高等学校では、自分自身の生き方と関連させ、解決に向け地域社会に「発信する」「行動する」ことを重点にした目標が望ましい。

【参考例】「全体計画･充実のポイント(小学校版)」
※次の項目について、自校の全体計画を見直してみましょう！
- □　人権教育の意義やねらいを全教職員が共通理解し、作成に当たっている。
- □　児童の実態、家庭･地域及び教職員の願いを実態調査等から把握している。
- □　社会の課題や要請、関連法規、教育行政施策等を踏まえている。
- □　学校教育目標を達成するための人権教育目標が設定されている。
- □　児童の発達段階に即した関連学年別目標が設定され、目指す児童の姿が具体的に示されている。
- □　目標達成のため、各教科等においては、その特性に応じて、人権教育との関わりを考慮した方針及び特色ある教育活動の計画等が示されている。
- □　人権に関する重要課題への取組が、学校や地域の実情に応じたものとして示されている。
- □　家庭･地域及び関係機関(社会教育機関、人権擁護機関等)との連携について、具体的な内容･方法等が示されている。
- □　各目標などにおいて、肯定的な表現で記されている。
- □　年度ごとに、全体計画の見直しを行っている。

資料9　人権関係法令等年譜

1871（明 4）　太政官布告（解放令）
1872（明 5）　戸籍法施行（壬申戸籍）
1902（明35）　備作平民会（岡山）
1903（明36）　大日本同胞融和会結成（初の全国的部落解放組織）
1912（大 1）　大和同志会（奈良）
1922（大11）　全国水平社創立（京都）
1933（昭 8）　高松結婚差別裁判
1946（昭21）　日本国憲法公布　婦人参政権
1947（昭22）　日本国憲法施行（国民主権　平和主義　基本的人権の尊重）
1948（昭23）　世界人権宣言
1951（昭26）　オールロマンス事件
1959（昭34）　児童の権利宣言
1961（昭36）　同和対策審議会設置　教科書無償化運動
1965（昭40）　同和対策審議会答申
「同和地区に関する社会的及び経済的諸問題を解決するための基本的方策」（昭36諮問）
1969（昭44）　同和対策事業特別措置法（同対法とも特措法とも）
10年の時限立法
1970（昭45）　心身障害者対策基本法
1975（昭50）　部落地名総鑑差別事件
1976（昭51）　戸籍法改正
1979（昭54）　国際人権規約　Ａ＆Ｂ規約
1982（昭57）　地域改善対策特別措置法（地対法）　5年の時限立法
1985（昭60）　女子差別撤廃条約批准
男女雇用機会均等法
1987（昭62）　地域改善対策特定事業に係る国の財政上の特別措置に関する法律（地対財特法）
5年＋5年延長　平成9年3月まで
1993(平成5)　障害者基本法
1994(平成6)　児童の権利条約批准
1995(平成7)　人種差別撤廃条約批准
1997(平成9)　＊人権擁護施策推進法（5年間）
＊地域改善対策特定事業に係る国の財政上の特別措置に関する法律の一部を改正する法律（5年間　平成14年3月末で終了）
＊アイヌ文化の振興並びにアイヌの伝統等に関する知識の普及及び啓発に関する法律（アイヌ新法とも）
＊人権教育のための国連10年国内行動計画　～平16
＊人権教育のための国連10年滋賀県行動計画　～平16
1999(平成11)　男女共同参画社会基本法　男女雇用機会均等法改正（セクシャルハラスメント）
2000(平成12)　人権教育及び人権啓発の推進に関する法律
2002　人権教育・啓発に関する基本計画(政府)人権擁護法案政府大綱公表

資料10　全国人権資料・展示館一覧

人権資料・展示全国ネットワーク（人権ネット）加盟団体・機関一覧

（2001年7月15日現在）

人権ネット（人権資料・展示全国ネットワーク）は、人権確立のための研究、教育、啓発に寄与する目的に、人権に関する資料を収集保管・調査研究・展示公開を行う博物館、資料館、人権センター、研究所等で結成されたネットワークです。

団体・機関名	住所	電話
平取町立二風谷アイヌ文化博物館	北海道沙流郡平取町二風谷55	01457-2-2892
三重県人権センター	三重県津市一身田大古曽字雁田639-1	0592-33-5501
甲賀郡人権センター（あすぱる甲賀）	滋賀県甲賀郡水口町北内貴431	0748-65-4020
柳原銀行記念資料館	京都市下京区下之町崇仁隣保館内	075-371-7242
京都部落問題研究資料センター	京都市北区小山下総町5-1 京都府部落解放センター3階	075-415-1032
京都市楽只隣保館資料室（ツラッティ千本）	京都市北区紫野花ノ坊23-1	075-493-4539
丹波マンガン記念館	京都府北桑田郡京北町大字下中西大谷45	0771-54-0046
奈良県立同和問題関係史料センター	奈良市大安寺1-23-1	0742-64-1488
水平社博物館	奈良県御所市柏原235-2	0745-62-5588
青丘文化ホール	大阪市天王寺区寺田町2-8-28	06-6779-5751
大阪人権博物館（リバティおおさか）	大阪市浪速区浪速西3-6-25	06-6561-8195
堺市立舳松（へのまつ）歴史資料館	大阪府堺市協和町2-61堺市解放会館内	0722-45-2525
堺市立平和と人権資料館	大阪府堺市深井清水町1426 堺市教育文化センター内	0722-70-8150
平和人権子どもセンター	大阪府堺市向陵西町1-9-3	0722-29-4736
貝塚市郷土資料館	大阪府貝塚市畠中1-12-1貝塚市民図書館2階	0724-23-2151
和泉市立人権文化センター　人権資料室	大阪府和泉市伯太町6-1-20	0725-47-1560
徳島県立博物館	徳島市八万町向寺山 文化の森総合公園内	0886-68-3636
鳥取市人権情報センター	鳥取市幸町151鳥取市解放センター内	0857-24-3125
鳥取市部落解放研究所	鳥取市扇町21　県民ふれあい会館1階	0857-23-1649
福山市人権平和資料館	広島県福山市丸之内1-1-1	0849-24-6789
ジミー・カーターシビックセンター	広島県甲奴郡甲奴町大字本郷940	0847-67-3535
たかみや人権会館	広島県高田郡高宮町佐々部983-13	0826-57-0311
庄原市人権センター	広島県庄原市西本町4-5-26	08247-5-0301
三次市平和人権センター	広島県三次市十日市西6-10-45	0824-64-0066
福岡部落史研究会	福岡市東区馬出4-10-1 福岡県馬出庁舎2階	092-643-0886
福岡市人権啓発センター（ココロンセンター）	福岡市中央区天神1-8-1	092-711-4982
福岡県人権啓発情報センター （ヒューマン・アルカディア）	福岡県春日市原町3丁目1-7 クローバープラザ7階	092-584-1270
碓井町立薄井平和祈念館	福岡県嘉穂郡薄井町大字上臼井767 碓井町立薄井琴平文化会館	0948-62-5173
久留米市人権センター（えーるピア久留米）	福岡県久留米市諏訪野町1830-6	0942-30-7500
水俣病歴史考証館	熊本県水俣市袋34	0966-63-5800
世界人権問題研究センター	京都市中京区烏丸通り二条上る京榮烏丸ビル	075-231-2600
暗く解放・人権研究所	大阪市浪速区久保吉1-6-12	06-6568-1306

資料11　インドにおける旧カースト制

1　インドの歴史

＊数千年前にインダス文明を築く(皮膚色の黒色トラヴィダ系の先住民)
＊前15世紀ころ　アーリア人侵入(コーカソイア系の白人で背は高く戦闘力に優れた騎馬民族)

先住民たちは南の方へ追いやられた。そして、人種差別となるヴァルナ制が政治的に作られていった。

アーリア系	バラモン	僧侶	7%	全人口10億万人の20%
	クシャトリア	王侯・武士	7%	
	バイシャ	上層平民	6%	
	シュードラ	上位カーストに奉仕する隷属民　55%		
非アーリア系	チャンダーラ アウトカースト アンタッチャブル ハリジャン 不可触賤民 ダリット	穢れにかかわる仕事に従事する賤民 25%		

＊それぞれのカーストには、サブカーストが500くらいありジャーティーと呼ぶ。結婚は同じジャーティーどうしで行うのがヒンズー社会の原則。被差別民の中にも、清掃、芸能、竹細工、医者、動物飼育など数百のジャーティーがある。籠つくりだけでも多くの序列がある。
＊このヴァルナ＝ジャーティー制を、カースト制という。
＊1998年　マレーシア・クアラルンプールで初めて「ダリット世界会議」が開かれた。日本からＩＭＡＤＲの代表も参加。

2　カースト制とヒンドゥー教

もともとインドのカースト制は、ヒンドゥー教の教義にもとづいて定められた身分制である。地球上の身分社会はみな解消したのに、インドでは強力な宗教的背景があったため根強く残った。中味は、自然界のすべてを〈浄〉〈穢〉で序列化しており、それを人間界に適応したのがカースト制だった。もっとも悪質なのは、〈死〉〈産〉〈血〉〈身体の分泌物〉が穢の源泉であり、「ふれてはならない」「伝染する」「触れたらすぐに清める」「清めの儀式はブラーマンしかできない」などとされてきたことである。

3　現在の憲法

戦後制定された憲法(1949)は、はっきりと不可触民制の廃止を宣言している。カースト制による差別を禁止し、さらに積極的に国家の責任で指定カースト(前不可触民 Schedulud Caste 16%)、指定民族(先住民 Schedul－ed Tribes 7%)、後進階級(農奴としてこき使われてきたシュードラの下層階級 Backward Class －es)のために特別措置規定を設けた。教育と公的雇用と議会議席の三分野である。これを留保システム(或いは優先制度　政府の仕事に限られている Reservation System)という。各州で独自に進められている。たとえば、ある州で指定カーストが全人口の20％であれば、大学、公務員、議会のそれぞれ20％の枠が確保される。枠が確保できなかった場合は、翌年までその枠は持越しになる。

4　経済の自由化とメディアの自由化

伝統的社会性に大きな刺激を及ぼしつつある。あいつぐ大学の増設による新中間知識層の増加は都市部を中心にカースト制度に大きな影響を与えつつある。

5　現在の政治体制

★国民会議派(戦後指導権を握ってきたが過半数を割る)
★中道左派政権(このグループは下層カースト出身の代議士によって占められている)
★インド人民党(ヒンドゥー至上主義を唱える右翼民族主義)
＊1992年　ダリットの全国連絡会議が結成
＊1997年　ダリット出身のナラヤナン大統領誕生　プーラン国会議員

(2000年現在)

資料12　水平社宣言文

宣《せん》　言《げん》

全國《ぜんこく》に散在《さんざい》する吾《わ》が特殊部落民《とくしゅぶらくみん》よ團結《だんけつ》せよ。

長《なが》い間虐《あいだいぢ》められて來《き》た兄弟《きょうだい》よ、過去半世紀間《かこはんせいきかん》に種々《いろいろ》なる方法《ほうほう》と、多《おお》くの人々《ひとびと》とによってなされた吾等《われら》の爲《た》めの運動《うんどう》が、何《なん》等《ら》の有難《ありがた》い効果《こうか》を齎《もた》らさなかった事實《じじつ》は、夫等《それら》のすべてが吾々《われわれ》によって、又他《またた》の人々《ひとびと》によって毎《つね》に人間《にんげん》を冒瀆《ぼうとく》されてゐた罰《ばち》であったのだ。そしてこれ等《ら》の人間《にんげん》を勦《いたわ》るかの如《ごと》き運動《うんどう》は、かえって多《おお》くの兄弟《きょうだい》を堕落《だらく》させた事《こと》を想《おも》へば、此際吾等《このさいわれら》の中《うち》より人《にん》間《げん》を尊敬《そんけい》する事《こと》によって自《みずか》ら解放《かいほう》せんとする者《もの》の集團運動《しゅうだんうんどう》を起《おこ》せるは、寧《むし》ろ必然《ひつぜん》である。

兄弟《きょうだい》よ、吾々《われわれ》の祖先《そせん》は自由《じゆう》、平等《びょうどう》の渇仰者《かつこうしゃ》であり、實行者《じっこうしゃ》であった。陋劣《ろうれつ》なる階級政策《かいきゅうせいさく》の犠牲者《ぎせいしゃ》であり男《おとこ》らしき産業的殉《さんぎょうてきじゅん》教者《きょうしゃ》であったのだ。ケモノの皮剝《かわは》ぐ報酬《ほうしゅう》として、生々《なまなま》しき人間《にんげん》の皮《かわ》を剝《は》ぎ取《と》られ、ケモノの心臓《しんぞう》を裂《さ》く代價《だいか》として、暖《あたたか》い人《にん》間《げん》の心臓《しんぞう》を引裂《ひきさ》かれ、そこへ下《くだ》らない嘲笑《ちょうしょう》の唾《つば》まで吐《は》きかけられた呪《のろ》はれの夜《よ》の悪夢《あくむ》のうちにも、なほ誇《ほこ》り得《う》る人間《にんげん》の血《ち》は、涸《か》れずにあった。そうだ、そして吾々《われわれ》は、この血《ち》を享《う》けて人間《にんげん》が神《かみ》にかわらうとする時代《じだい》にあうたのだ。犠牲者《ぎせいしゃ》がその烙印《らくいん》を投《な》げ返《かえ》す時《とき》が來《き》たのだ。殉教者《じゅんきょうしゃ》が、その荊冠《けいかん》を祝福《しゅくふく》される時《とき》が來《き》たのだ。

吾々《われわれ》がエタである事《こと》を誇《ほこ》り得《う》る時《とき》が來《き》たのだ。

吾々《われわれ》は、かならず卑屈《ひくつ》なる言葉《ことば》と怯懦《きょうだ》なる行爲《こうい》によって、祖先《そせん》を辱《はずか》しめ、人間《にんげん》を冒瀆《ぼうとく》してはならぬ。そうして人《ひと》の世《よ》の冷《つめ》たさが、何《ど》んなに冷《つめ》たいか、人間《にんげん》を勦《いたわ》る事《こと》が何《な》んであるかをよく知《し》ってゐる吾々《われわれ》は、心《こころ》から人生《じんせい》の熱《ねつ》と光《ひかり》を願求禮讃《がんきゅうらいさん》するものである。

水平社《すいへいしゃ》は、かくして生《うま》れた。

人《ひと》の世《よ》に熱《ねつ》あれ、人間《にんげん》に光《ひかり》あれ。

大正十一年三月三日

全國水平社創立大會

あとがき

人権の問題について考える時も、人権について考える時も、それらはいつも自分自身の生き方に還ってくる。厳しく受け止めたいと思いながらもついついと傲慢さに陥ることがある。

本書で追求しようとしてきた「私たちのこだわりや囚われ」も、行き着くところは「そもそも日本人とは」といった壮大なテーマになってしまい茫然とならざるを得ないが、その時どうしても歴史を無視することが出来なくなる。「年表」は百年たっても少しも変わるわけはないが、「歴史」は刻々と変わるべきものと考えたい。私自身も数年のうちで大きく変わってしまった。そして、歴史を振り返っていると、早まってはいけないと戒めながらも、欧米人と日本人などという対峙的な見方が、まるで自明のことのように感じられもしてくる。人権の捉え方まで、自分自身は日本人的発想にたっているのかもしれない。

人権についても、その言葉が世に現れだしてから人権の尊厳が自覚されたとは考えたくない。人権の尊厳は、言葉のない長い時代にも感性としては存在したはずであると考えたい。人権とは人の存在とともに不可欠な存在であって、歴史の中で内容的にどんな新しい発見や変化があったにせよ原点は人間の尊さである。それは近代以前の日本からも学ぶことは多いと考えたい。

こんな風に捉えながらなおも「人権への教育」について追求していきたいと思う。多くのアドバイスを願うしだいである。

著　者

平成一四年八月一日

著者略歴

川嶌　順次郎(かわしま　じゅんじろう)

＊1935年(昭和10年)、彦根市に生まれる
＊元　滋賀県公立小・中学校教員
滋賀県教育委員会・彦根市教育委員会事務局勤務
財団法人滋賀県解放県民センター(現人権センター)勤務
滋賀大学非常勤講師
滋賀県人権施策推進審議会委員
滋賀県社会教育委員
＊現在京都女子大学・女子短期大学非常勤講師
滋賀文化短期大学非常勤講師
彦根市社会教育委員
彦根市人権教育推進委員
彦根市人権尊重審議会委員
全日本石州流茶道協会会員

人権への教育と啓発——囚われやこだわりの克服

2002年 9月10日　初 版 第1刷発行　〔検印省略〕
2006年 9月10日　初 版 第2刷発行

＊定価はカバーに表示してあります

著者© 川嶌順次郎／発行者 下田勝司　印刷・製本 中央精版印刷

東京都文京区向丘1-20-6　振替00110-6-37828
〒113-0023 TEL(03)3818-5521 FAX(03)3818-5514
E-Mail tk203444@fsinet.or.jp

発行所 株式会社 東信堂

Published by TOSHINDO PUBLISHING CO., LTD.
1-20-6, Mukougaoka, Bunkyo-ku, Tokyo, 113-0023, Japan

ISBN4-88713-454-1 C3037 ¥2000E ©Junjiro Kawasima

東信堂

比較・国際教育学〔補正版〕	石附　実編	三五〇〇円
日本の対外教育—国際化と留学生教育	石附　実	二〇〇〇円
比較教育学の理論と方法	J・シュリーバー編著 馬越徹・今井重孝監訳	二八〇〇円
世界の教育改革—21世紀への架ケ橋	佐藤三郎編	三六〇〇円
教育は「国家」を救えるか—質・均等・選択の自由〔現代アメリカ教育1巻〕	今村令子	三五〇〇円
永遠の「双子の目標」—多文化共生の社会と教育〔現代アメリカ教育2巻〕	今村令子	二八〇〇円
ドイツの教育	天野正治 結城　忠 別府昭郎　編	四六〇〇円
21世紀を展望するフランス教育改革—一九八九年教育基本法の論理と展開	小林順子編	八六四〇円
フランス保育制度史研究—初等教育としての保育の論理構造	藤井穂高	七六〇〇円
変革期ベトナムの大学	D・スローパー／レ・タク・カン編 大塚　豊監訳	三八〇〇円
フィリピンの公教育と宗教—成立と展開過程	市川　誠	五六〇〇円
国際化時代日本の教育と文化	沼田裕之	二四〇〇円
ホームスクールの時代—学校へ行かない選択：アメリカの実践	M・メイベリー／J・ノウルズ他 秦明夫・山田達雄監訳	二〇〇〇円
社会主義中国における少数民族教育—「民族平等」理念の展開	小川佳万	四六〇〇円
東南アジア諸国の国民統合と教育—多民族社会における葛藤	村田翼夫編	四四〇〇円
ボストン公共放送局と市民教育—マサチューセッツ州産業エリートと大学の連携	赤堀正宜	四七〇〇円
現代英国の宗教教育と人格教育(PSE)	柴沼晶子 新井浅浩　編	五二〇〇円
現代の教育社会学—教育の危機のなかで	能谷一乗	二五〇〇円
子どもの言語とコミュニケーションの指導	D・バーンスタイン他編 池・内山・緒方訳	二八〇〇円
教育評価史研究—教育実践における評価論の系譜	天野正輝	四〇七八円
日本の女性と産業教育—近代産業社会における女性の役割	三好信浩	二八〇〇円

〒113-0023　東京都文京区向丘1—20—6　☎03(3818)5521　FAX 03(3818)5514　振替 00110-6-37828

※税別価格で表示してあります。